교육용 한자 1800

우리말한자연구회

넥서스 ACADEMY

Preface

우린는 곧잘 한자와 우리말을 분리해서 생각하곤 합니다. 즉 한자를 우리말 외의 또다른 제2외국어쯤으로 생각하는 거지요. 그러나 우리말이라 함은 한자어와 한글로 이루어져 있음을 간과해서는 안 됩니다. 그러니까 한자를 아는 것은 사실 필수적인 언어 학습인 셈입니다.

한글 전용을 주장하는 학자들도 많지만 신문이나 책 등을 볼 때 한글만으로는 의미가 분명하지 않은 경우가 종종 있습니다. 그런 의미에서 한자는 우리말의 양념 같은 것이 아닐까 합니다.
사실 한자는 글자 하나하나가 꽤 복잡한 모습을 하고 있습니다. 그래서 한 글자만으로 의미 전달은 충분하지만 그 글자를 익히는 데는 남다른 노력이 필요합니다. 음, 훈은 물론이고 부수나 필순까지 알아야 하니 외국어를 하나쯤 더 배우는 노력이 필요합니다.

그러나 기왕 알아야 하는 거라면 좀 더 쉽고 재밌게 익힐 수 있는 방법을 생각해 보면 어떨까요? 왜 어른들은 모든 일에는 첫 단추를 잘 끼워야 한다고 하잖아요. 오랜 시간 동안 우리 조상들은 한자를 가장 안정적이고 쉽게 쓸 수 있는 방법을 모색해 왔답니다. 그래서 글자 한 자 한 자마다 각각의 필순이 생겨나게 되었고, 이 순서에 따라 글자를 익히면 글씨체가 단정하고 예쁠 뿐 아니라 쉽고 오래 기억됩니다. 또 몇 가지 필순의 기본 규칙을 알면 대부분의 한자에 적용시킬 수 있고, 그러다 보면 귀찮고 어렵던 한자에 흥미가 생기기도 한답니다.

교육부가 지정한 교육용 한자는 총 1,800자로, 중학교 한자 900자와 고등학교 한자 900자로 나뉩니다. 이는 우리가 일상생활에서 쓰는 한자는 물론, 신문에 자주 등장하는 시사 한자어에서 무역에 필요한 한자까지 모두 섭렵할 수 있습니다. 〈교육용 한자 1800〉 쓰기를 통해서 독자 여러분의 한자 실력이 일취월장(日就月將)하기를 기대합니다.

✤ 이 쓰기본은 독자들이 한자 쓰기에 편리하도록 특별히 제작되었습니다. 페이지 번호를 따라서 한자를 써 보세요.

우리말한자연구회

漢字	뜻·음	한자어	획순

家 집 가
宀부 · 총10획

집
家具 가구
家屋 가옥
家庭 가정
家族 가족

`丶 宀 宀 宀 宇 宇 宇 家 家 家`

加 더할 가
力부 · 총5획

더하다
加算 가산
加速 가속
參加 참가

`フ カ カ 加 加`

街 거리 가
行부 · 총12획

거리
街道 가도
街販 가판
街路樹 가로수
繁華街 번화가

`丿 彳 彳 彳 彳 往 往 往 往 街 街`

假 거짓 가
亻(人)부 · 총11획

거짓
假橋 가교
假令 가령
假名 가명
假說 가설

`丿 亻 亻 亻 仔 作 作 假 假 假 假`

價 값 가
亻(人)부 · 총15획

값
價格 가격
價値 가치
原價 원가
定價 정가

`丿 亻 亻 亻 仴 价 俨 俨 俨 價 價 價 價 價 價`

可 옳을 가
口부 · 총5획

옳다
可決 가결
可能 가능
認可 인가
不可侵 불가침

`一 丁 丌 可 可`

歌 노래 가
欠부 · 총14획

노래
歌曲 가곡
歌舞 가무
歌手 가수
祝歌 축가

`一 丁 可 可 可 哥 哥 哥 哥 歌 歌 歌 歌`

佳 아름다울 가
亻(人)부 · 총8획

아름답다
佳景 가경
佳人 가인
佳人薄命 가인박명

`丿 亻 亻 亻 仹 住 佳 佳`

架 시렁 가
木부 · 총9획

시렁
架橋 가교
架線 가선
架設 가설
架子 가자

`フ カ カ 加 加 架 架 架 架`

暇 겨를 가
日부 · 총13획

틈, 겨를
病暇 병가
餘暇 여가
閑暇 한가
休暇 휴가

`丨 冂 冃 日 日 旷 旷 昄 昄 昄 昄 暇 暇`

凶 흉할 흉	흉하다, 흉년이 들다
凶 흉할 흉 凵부 · 총4획	凶家 흉가 凶器 흉기 吉凶禍福 길흉화복

ノ メ 凵 凶

胸 가슴 흉	가슴
胸 가슴 흉 月(肉)부 · 총10획	胸部 흉부 胸像 흉상

丿 刀 月 月 肑 肑 肑 肑 胸 胸

黑 검을 흑	검다
黑 검을 흑 黑부 · 총12획	黑白 흑백 黑髮 흑발 暗黑 암흑 黑死病 흑사병

丨 口 四 四 日 日 甲 里 里 黑 黑 黑

吸 숨들이쉴 흡	숨을 들이쉬다, 빨다
吸 숨들이쉴 흡 口부 · 총7획	吸收 흡수 吸煙 흡연 吸入 흡입 呼吸 호흡

丨 口 叮 叨 吸 吸

興 일어날 흥	일어나다, 일으키다, 흥, 흥취
興 일어날 흥 臼부 · 총16획	興奮 흥분 興盛 흥성 興味 흥미

丨 丨 丨 丨 臼 臼 臼 臼 鼡 鼡 鼡 鼡 興 興

喜 기쁠 희	기쁘다
喜 기쁠 희 口부 · 총12획	喜悲 희비 喜悅 희열 歡喜 환희 喜消息 희소식

一 十 士 吉 吉 吉 青 壴 壴 喜 喜 喜

希 바랄 희	바라다, 희망하다
希 바랄 희 巾부 · 총7획	希求 희구 希望 희망 希願 희원

ノ メ 二 产 产 希 希

稀 드물 · 희	드물다, 적다, 묽다
稀 드물 · 희 禾부 · 총12획	稀薄 희박 稀釋 희석 稀少 희소

ノ 二 千 禾 禾 利 秆 秆 秘 稀 稀 稀

戲 희롱할 희	희롱하다
戲 희롱할 희 戈부 · 총17획	戲弄 희롱 戲遊 희유

丨 丨 广 卢 卢 庐 虍 虍 虚 虚 虚 虚 戲 戲 戲

各	각각 각	口부 · 총6획	各界 각계 / 各論 각론 / 各別 각별 / 各自 각자	
脚	다리 각	月(肉)부 · 총11획	脚本 각본 / 脚色 각색 / 脚註 각주 / 脚線美 각선미	
角	뿔 각	角부 · 총7획	角木 각목 / 頭角 두각 / 視角 시각	
閣	누각 각	門부 · 총14획	閣僚 각료 / 閣下 각하 / 內閣 내각 / 樓閣 누각	
却	물리칠 각	卩부 · 총7획	却說 각설 / 却下 각하 / 賣却 매각 / 燒却 소각	
覺	깨달을 각	見부 · 총20획	覺醒 각성 / 覺悟 각오 / 發覺 발각 / 知覺 지각	
刻	새길 각	刂(刀)부 · 총8획	刻苦 각고 / 刻銘 각명 / 刻薄 각박	
看	볼 간	目부 · 총9획	看過 간과 / 看病 간병 / 走馬看山 주마간산	
干	방패 간	干부 · 총3획	干滿 간만 / 干涉 간섭 / 干潮 간조 / 干支 간지	
間	사이 간	門부 · 총12획	間道 간도 / 間食 간식 / 瞬間 순간 / 晝間 주간	
刊	책 펴낼 간	刂(刀)부 · 총5획	刊行 간행 / 發刊 발간 / 新刊 신간 / 週刊 주간	

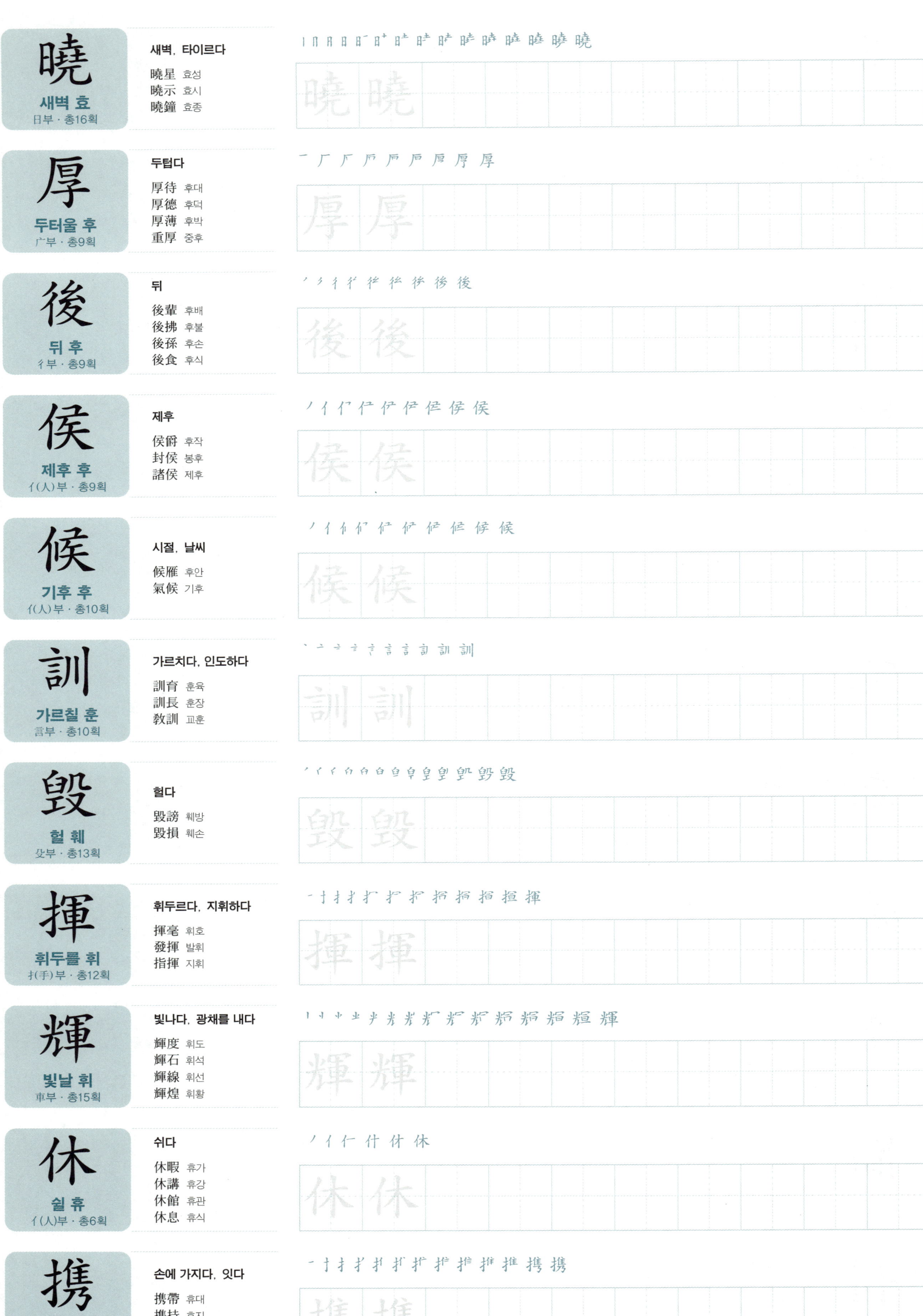

曉 새벽 효 日부·총16획	새벽, 타이르다 曉星 효성 曉示 효시 曉鐘 효종
厚 두터울 후 广부·총9획	두텁다 厚待 후대 厚德 후덕 厚薄 후박 重厚 중후
後 뒤 후 彳부·총9획	뒤 後輩 후배 後拂 후불 後孫 후손 後食 후식
侯 제후 후 亻(人)부·총9획	제후 侯爵 후작 封侯 봉후 諸侯 제후
候 기후 후 亻(人)부·총10획	시절, 날씨 候雁 후안 氣候 기후
訓 가르칠 훈 言부·총10획	가르치다, 인도하다 訓育 훈육 訓長 훈장 教訓 교훈
毀 헐 훼 殳부·총13획	헐다 毀謗 훼방 毀損 훼손
揮 휘두를 휘 扌(手)부·총12획	휘두르다, 지휘하다 揮毫 휘호 發揮 발휘 指揮 지휘
輝 빛날 휘 車부·총15획	빛나다, 광채를 내다 輝度 휘도 輝石 휘석 輝線 휘선 輝煌 휘황
休 쉴 휴 亻(人)부·총6획	쉬다 休暇 휴가 休講 휴강 休館 휴관 休息 휴식
攜 끌 휴 扌(手)부·총13획	손에 가지다, 잇다 攜帶 휴대 攜持 휴지 提攜 제휴

肝	간	
간 간 月(肉)부 · 총7획	肝膽 간담 肝油 간유 肝腸 간장 肝蟲 간충	

幹	줄기, 기둥, 주된	
줄기 간 干부 · 총13획	幹部 간부 幹事 간사	

簡	줄이다	
대쪽 간 竹부 · 총18획	簡單 간단 簡素 간소 簡易 간이 簡便 간편	

姦	간사하다	
간사할 간 女부 · 총9획	姦婦 간부 姦淫 간음 姦通 간통 强姦 강간	

懇	정성	
정성 간 心부 · 총17획	懇曲 간곡 懇求 간구 懇談 간담 懇切 간절	

渴	목이 마르다	
목마를 갈 氵(水)부 · 총12획	渴症 갈증 渴望 갈망 渴求 갈구 解渴 해갈	

甘	달다	
달 감 甘부 · 총5획	甘草 감초 甘酒 감주 甘言利說 감언이설	

減	덜다	
덜 감 氵(水)부 · 총12획	減量 감량 減少 감소 減員 감원 減縮 감축	

感	느끼다	
느낄 감 心부 · 총13획	感激 감격 感動 감동 感謝 감사 感情 감정	

敢	감히, 용감하다	
감히 감 攵(攴)부 · 총12획	敢行 감행 果敢 과감 焉敢生心 언감생심	

監	보다	
볼 감 皿부 · 총14획	監禁 감금 監督 감독 監視 감시 監察 감찰	

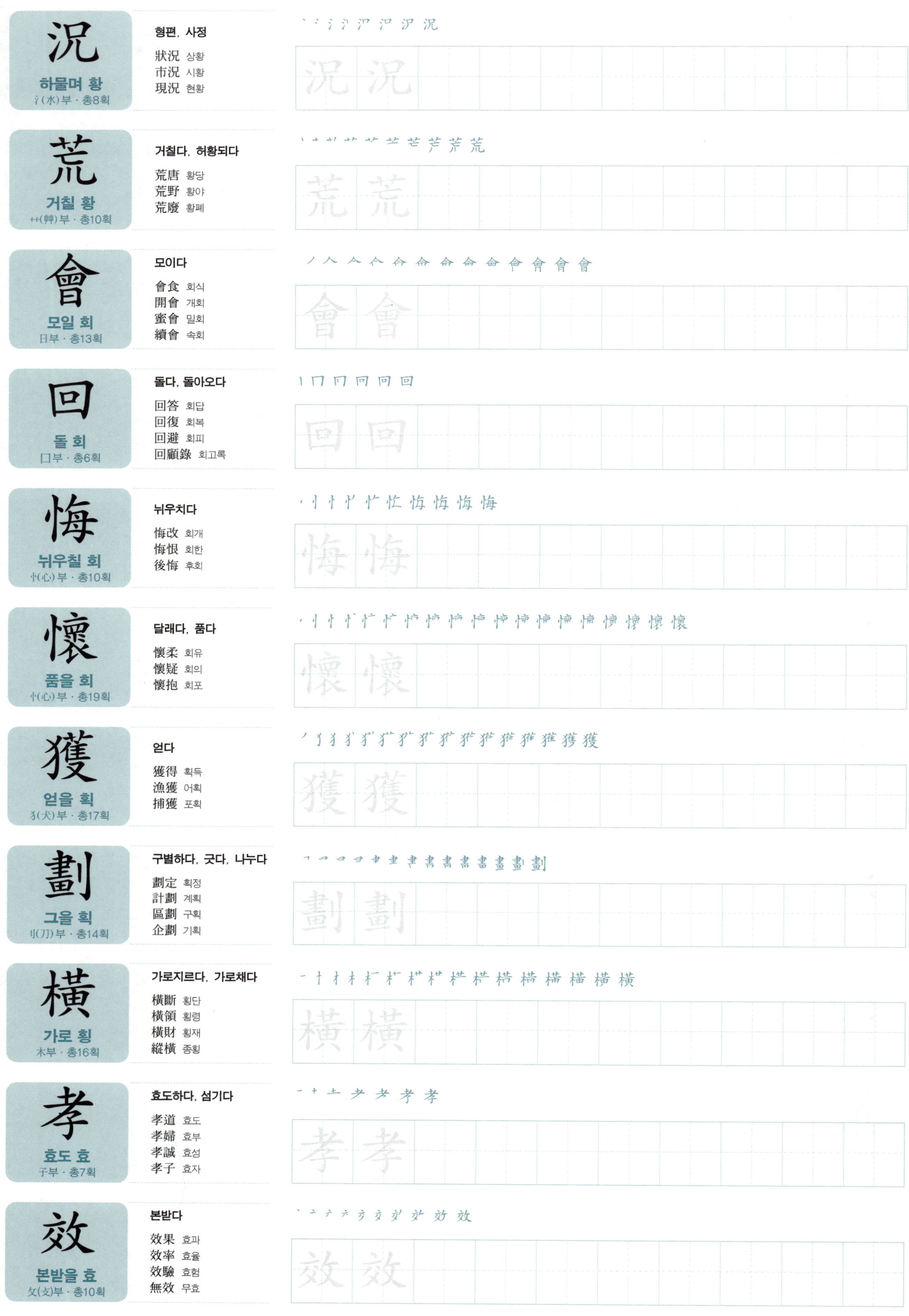

況
하물며 황
氵(水)부 · 총8획
형편, 사정
狀況 상황
市況 시황
現況 현황

荒
거칠 황
艹(艸)부 · 총10획
거칠다, 허황되다
荒唐 황당
荒野 황야
荒廢 황폐

會
모일 회
日부 · 총13획
모이다
會食 회식
開會 개회
蜜會 밀회
續會 속회

回
돌 회
口부 · 총6획
돌다, 돌아오다
回答 회답
回復 회복
回避 회피
回顧錄 회고록

悔
뉘우칠 회
忄(心)부 · 총10획
뉘우치다
悔改 회개
悔恨 회한
後悔 후회

懷
품을 회
忄(心)부 · 총19획
달래다, 품다
懷柔 회유
懷疑 회의
懷抱 회포

獲
얻을 획
犭(犬)부 · 총17획
얻다
獲得 획득
漁獲 어획
捕獲 포획

劃
그을 획
刂(刀)부 · 총14획
구별하다, 긋다, 나누다
劃定 획정
計劃 계획
區劃 구획
企劃 기획

橫
가로 횡
木부 · 총16획
가로지르다, 가로채다
橫斷 횡단
橫領 횡령
橫財 횡재
縱橫 종횡

孝
효도 효
子부 · 총7획
효도하다, 섬기다
孝道 효도
孝婦 효부
孝誠 효성
孝子 효자

效
본받을 효
攵(攴)부 · 총10획
본받다
效果 효과
效率 효율
效驗 효험
無效 무효

鑑	거울, 보다
거울 감 金부·총22획	鑑別 감별 鑑賞 감상 鑑定 감정

甲	갑옷, 첫째 천간
갑옷 갑 田부·총5획	甲富 갑부 鐵甲 철갑 甲男乙女 갑남을녀

江	강, 물
강 강 氵(水)부·총6획	江村 강촌 江幅 강폭 江山 강산 江湖 강호

降	내리다, 항복하다
내릴 강/항복할 항 阝(阜)부·총9획	降臨 강림 昇降 승강 下降 하강 降伏 항복

強	강하다
굳셀 강 弓부·총11획	強國 강국 強勸 강권 強調 강조

講	강의하다, 익히다
욀 강 言부·총17획	講堂 강당 講讀 강독 講演 강연 講義 강의

康	편안하다
편안할 강 广부·총11획	康健 강건 康寧 강녕 健康 건강

剛	굳세다
굳셀 강 刂(刀)부·총10획	剛健 강건 剛柔 강유 剛直 강직 金剛 금강

鋼	강철
강철 강 金부·총16획	鋼管 강관 鋼線 강선 鋼鐵 강철 製鋼 제강

綱	벼리, 통괄하다
벼리 강 糸부·총14획	綱領 강령 紀綱 기강 要綱 요강

個	낱
낱 개 亻(人)부·총10획	個性 개성 個體 개체 別個 별개 個人 개인

穫 벼벨 확 禾부 · 총19획	벼를 베다, 거두다 收穫 수확 秋穫 추확	`` ′ ′ 二 千 禾 禾 禾′ 禾″ 禾″ 秒 秒 秒 稚 稚 稚 穫 穫 穫
擴 넓힐 확 扌(手)부 · 총18획	넓히다 擴大 확대 擴散 확산 擴張 확장 擴充 확충	一 丁 扌 扩 扩 扩 护 护 护 护 擴 擴 擴 擴 擴
歡 기뻐할 환 欠부 · 총22획	기뻐하다, 기쁨 歡談 환담 歡待 환대 歡聲 환성 歡心 환심	歡 歡
患 근심 환 心부 · 총11획	근심 患亂 환란 患部 환부 老患 노환 病患 병환	患 患
丸 알 환 丶부 · 총3획	작고 둥글게 생긴 물건의 낱개 丸藥 환약 睾丸 고환 彈丸 탄환	丿 九 丸
換 바꿀 환 扌(手)부 · 총12획	바꾸다 換氣 환기 換算 환산 交換 교환 轉換 전환	一 丁 扌 扌 扩 护 护 护 护 換 換 換
環 고리 환 王(玉)부 · 총17획	돌다, 둘러싸다 環境 환경 環形 환형 循環 순환	環 環
還 돌아올 환 辶(辵)부 · 총17획	돌아오다, 도로 보내다 還給 환급 還元 환원 返還 반환	還 還
活 살 활 氵(水)부 · 총9획	살다, 생기있다 活氣 활기 活路 활로 活躍 활약	活 活
黃 누를 황 黃부 · 총12획	누르다 黃鳥 황조 黃昏 황혼 黃金萬能 황금만능	黃 黃
皇 임금 황 白부 · 총9획	임금, 황제 皇宮 황궁 皇妃 황비 皇室 황실 皇帝 황제	皇 皇

改
고칠 개
攵(攴)부 · 총7획
고치다
改閣 개각
改良 개량
改編 개편
改憲 개헌

開
열 개
門부 · 총12획
열다
開墾 개간
開幕 개막
開拓 개척
開始 개시

皆
다 개
白부 · 총9획
다, 모두
皆勤 개근
皆旣日蝕 개기일식

介
끼일 개
人부 · 총4획
개입하다
介入 개입
介在 개재
紹介 소개
仲介 중개

慨
분개할 개
忄(心)부 · 총14획
분개하다
慨歎 개탄
感慨 감개
憤慨 분개

槪
대개 개
木부 · 총15획
대개
槪念 개념
槪論 개론
槪要 개요
槪況 개황

蓋
덮을 개
艹(艸)부 · 총14획
덮다
蓋然 개연
蓋瓦 개와
蓋草 개초
覆蓋 복개

客
손님 객
宀부 · 총9획
손님, 나그네
客談 객담
客室 객실
客席 객석
客地 객지

更
다시 갱/고칠 경
曰부 · 총7획
다시, 고치다
更生 갱생
更新 갱신
更正 경정
變更 변경

去
갈 거
厶부 · 총5획
가다, 떠나다
去來 거래
去就 거취
過去 과거
除去 제거

居
살 거
尸부 · 총8획
살다
居留 거류
居室 거실
居處 거처
寄居 기거

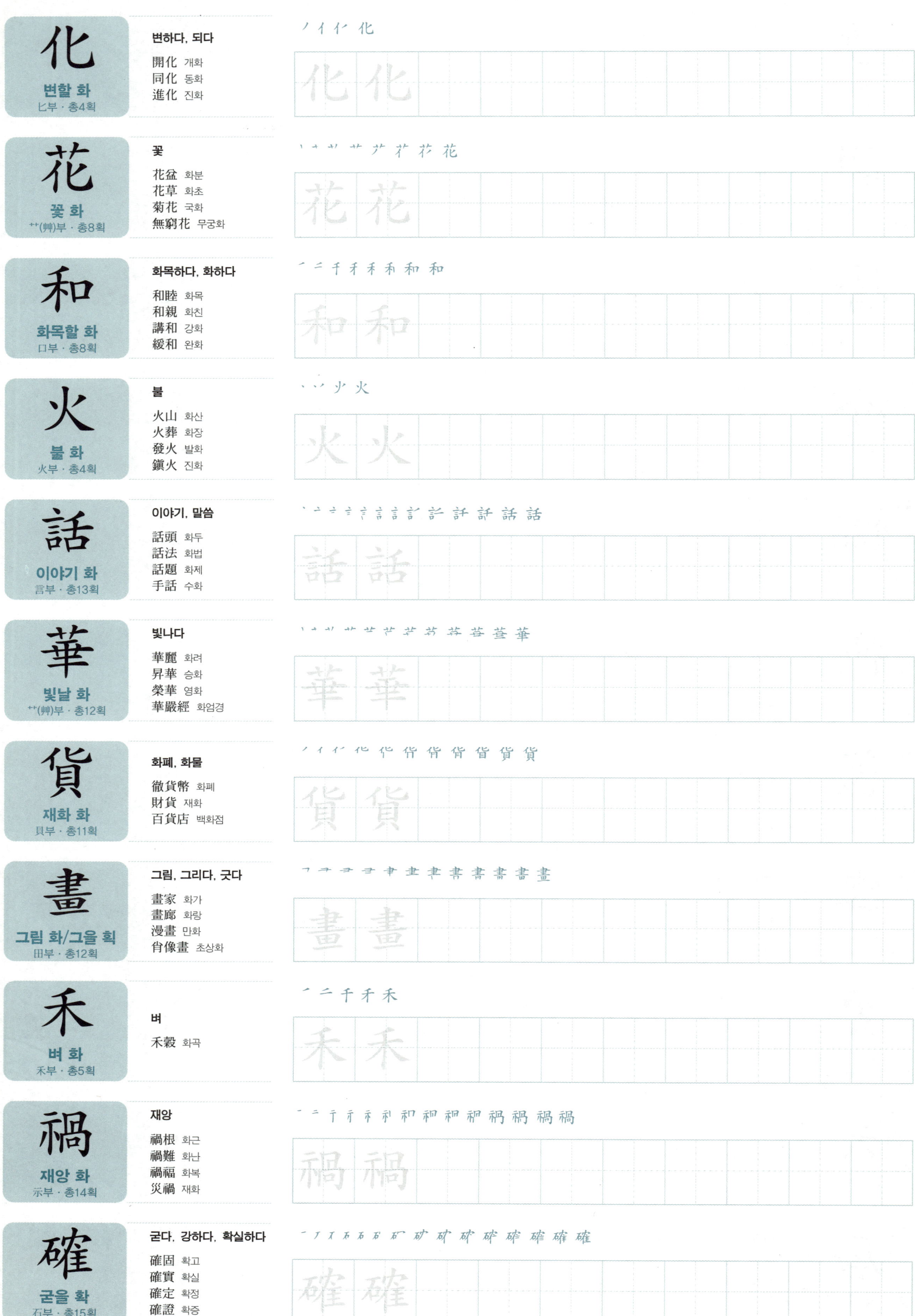

化 — 변할 화
匕부 · 총4획

변하다, 되다

- 開化 개화
- 同化 동화
- 進化 진화

花 — 꽃 화
++(艸)부 · 총8획

꽃

- 花盆 화분
- 花草 화초
- 菊花 국화
- 無窮花 무궁화

和 — 화목할 화
口부 · 총8획

화목하다, 화하다

- 和睦 화목
- 和親 화친
- 講和 강화
- 緩和 완화

火 — 불 화
火부 · 총4획

불

- 火山 화산
- 火葬 화장
- 發火 발화
- 鎭火 진화

話 — 이야기 화
言부 · 총13획

이야기, 말씀

- 話頭 화두
- 話法 화법
- 話題 화제
- 手話 수화

華 — 빛날 화
++(艸)부 · 총12획

빛나다

- 華麗 화려
- 昇華 승화
- 榮華 영화
- 華嚴經 화엄경

貨 — 재화 화
貝부 · 총11획

화폐, 화물

- 貨幣 화폐
- 財貨 재화
- 百貨店 백화점

畫 — 그림 화/그을 획
田부 · 총12획

그림, 그리다, 긋다

- 畫家 화가
- 畫廊 화랑
- 漫畫 만화
- 肖像畫 초상화

禾 — 벼 화
禾부 · 총5획

벼

- 禾穀 화곡

禍 — 재앙 화
示부 · 총14획

재앙

- 禍根 화근
- 禍難 화난
- 禍福 화복
- 災禍 재화

確 — 굳을 확
石부 · 총15획

굳다, 강하다, 확실하다

- 確固 확고
- 確實 확실
- 確定 확정
- 確證 확증

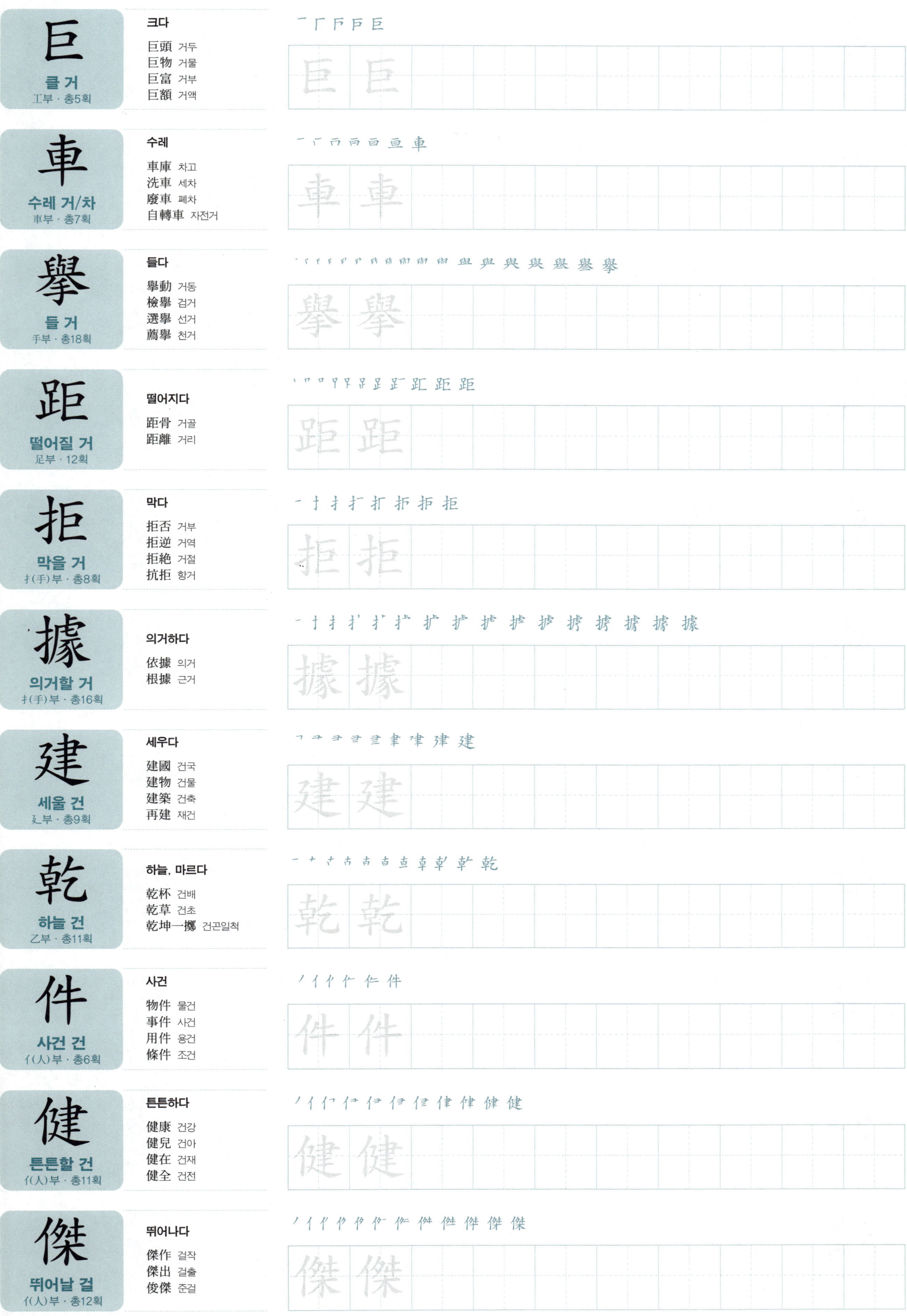

巨 클 거 — 工부·총5획
크다
一丁丌丐巨
- 巨頭 거두
- 巨物 거물
- 巨富 거부
- 巨額 거액

車 수레 거/차 — 車부·총7획
수레
一丆市市百亘車
- 車庫 차고
- 洗車 세차
- 廢車 폐차
- 自轉車 자전거

擧 들 거 — 手부·총18획
들다
- 擧動 거동
- 檢擧 검거
- 選擧 선거
- 薦擧 천거

距 떨어질 거 — 足부·12획
떨어지다
- 距骨 거골
- 距離 거리

拒 막을 거 — 扌(手)부·총8획
막다
一十才扩折拒拒
- 拒否 거부
- 拒逆 거역
- 拒絶 거절
- 抗拒 항거

據 의거할 거 — 扌(手)부·총16획
의거하다
- 依據 의거
- 根據 근거

建 세울 건 — 廴부·총9획
세우다
フユ⺕⺕書書建建
- 建國 건국
- 建物 건물
- 建築 건축
- 再建 재건

乾 하늘 건 — 乙부·총11획
하늘, 마르다
一十士古古古直車車乾乾
- 乾杯 건배
- 乾草 건초
- 乾坤一擲 건곤일척

件 사건 건 — 亻(人)부·총6획
사건
ノイ仁仁件件
- 物件 물건
- 事件 사건
- 用件 용건
- 條件 조건

健 튼튼할 건 — 亻(人)부·총11획
튼튼하다
ノイ仁仲仲伊伊律健健
- 健康 건강
- 健兒 건아
- 健在 건재
- 健全 건전

傑 뛰어날 걸 — 亻(人)부·총12획
뛰어나다
ノイ仁仲伊伊偉偉傑傑
- 傑作 걸작
- 傑出 걸출
- 俊傑 준걸

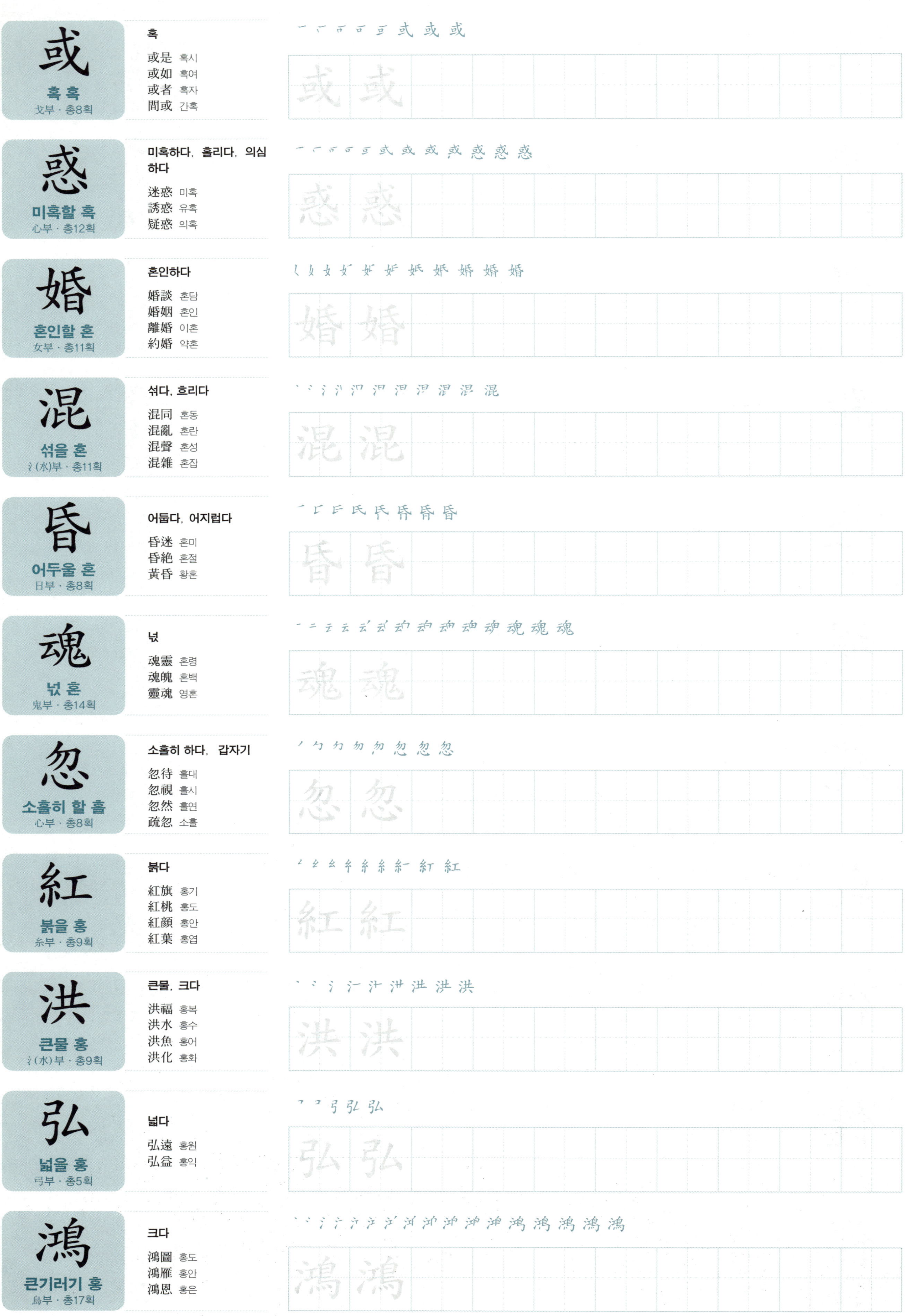

或
혹 혹
戈부 · 총8획

혹
或是 혹시
或如 혹여
或者 혹자
間或 간혹

惑
미혹할 혹
心부 · 총12획

미혹하다, 홀리다, 의심하다
迷惑 미혹
誘惑 유혹
疑惑 의혹

婚
혼인할 혼
女부 · 총11획

혼인하다
婚談 혼담
婚姻 혼인
離婚 이혼
約婚 약혼

混
섞을 혼
氵(水)부 · 총11획

섞다, 흐리다
混同 혼동
混亂 혼란
混聲 혼성
混雜 혼잡

昏
어두울 혼
日부 · 총8획

어둡다, 어지럽다
昏迷 혼미
昏絕 혼절
黃昏 황혼

魂
넋 혼
鬼부 · 총14획

넋
魂靈 혼령
魂魄 혼백
靈魂 영혼

忽
소홀히 할 홀
心부 · 총8획

소홀히 하다, 갑자기
忽待 홀대
忽視 홀시
忽然 홀연
疏忽 소홀

紅
붉을 홍
糸부 · 총9획

붉다
紅旗 홍기
紅桃 홍도
紅顏 홍안
紅葉 홍엽

洪
큰물 홍
氵(水)부 · 총9획

큰물, 크다
洪福 홍복
洪水 홍수
洪魚 홍어
洪化 홍화

弘
넓을 홍
弓부 · 총5획

넓다
弘遠 홍원
弘益 홍익

鴻
큰기러기 홍
鳥부 · 총17획

크다
鴻圖 홍도
鴻雁 홍안
鴻恩 홍은

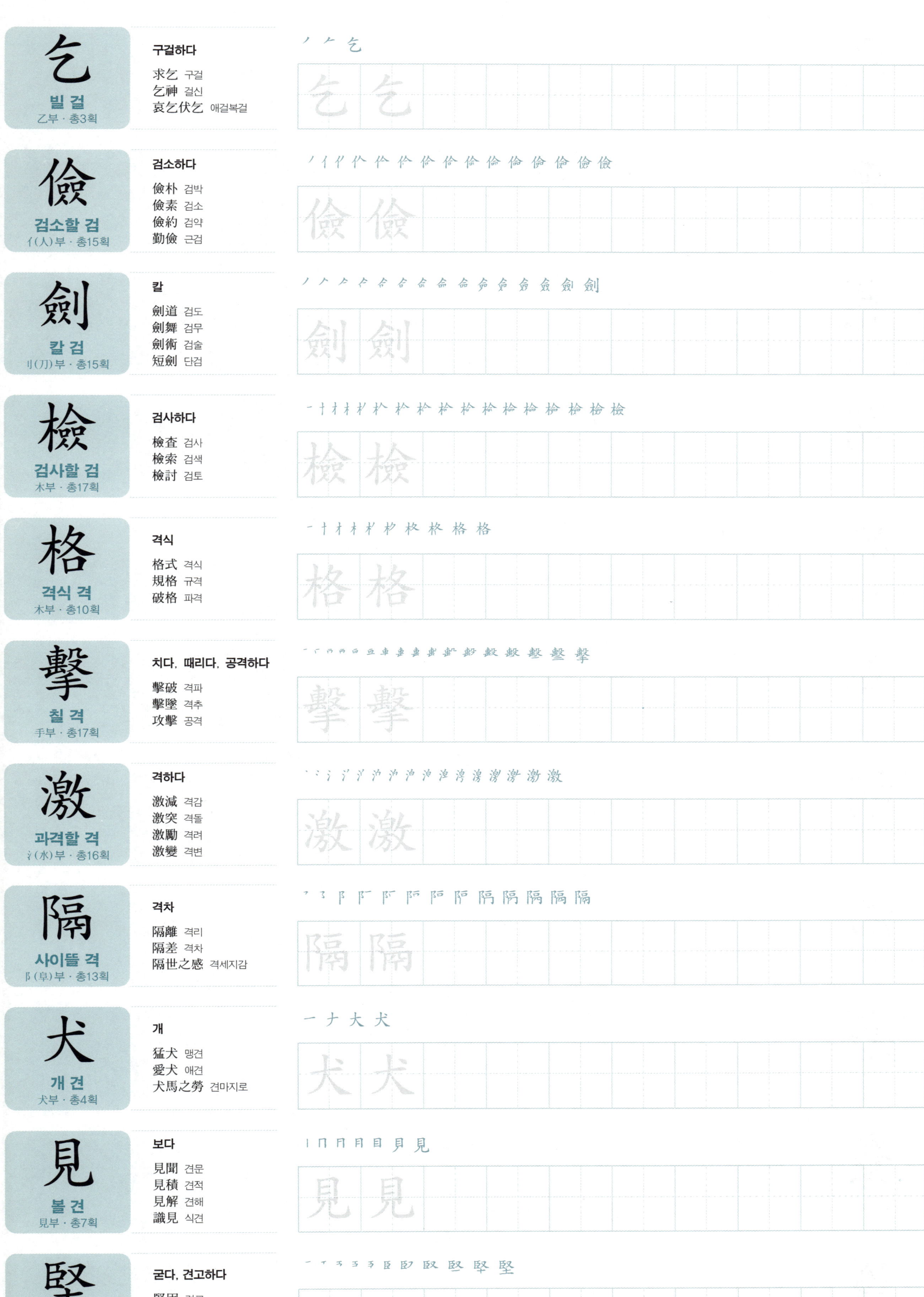

戶	문, 집	戶부 · 총4획	戶口 호구 / 戶籍 호적 / 戶主 호주 / 門戶 문호
乎	어조사	丿부 · 총5획	斷乎 단호 / 確乎 확호
虎	범, 호랑이	虍부 · 총8획	猛虎 맹호 / 白虎 백호 / 龍虎相搏 용호상박
湖	호수	氵(水)부 · 총12획	湖西 호서 / 湖水 호수 / 江湖 강호
號	부르짖다, 이름	虍부 · 총13획	號令 호령 / 口號 구호 / 符號 부호 / 商號 상호
互	서로, 함께	二부 · 총4획	互角 호각 / 互選 호선 / 互惠 호혜 / 相互 상호
胡	오랑캐	月(肉)부 · 총9획	胡桃 호도 / 胡亂 호란 / 胡麥 호맥
浩	크다, 넓다	氵(水)부 · 총10획	浩氣 호기 / 浩然之氣 호연지기
毫	매우 작다, 붓	毛부 · 총11획	秋毫 추호 / 揮毫 휘호
豪	호걸, 부자, 귀인	豕부 · 총14획	豪傑 호걸 / 豪奢 호사 / 文豪 문호 / 富豪 부호
護	보호하다, 돕다	言부 · 총21획	護衛 호위 / 看護 간호 / 救護 구호 / 辯護 변호

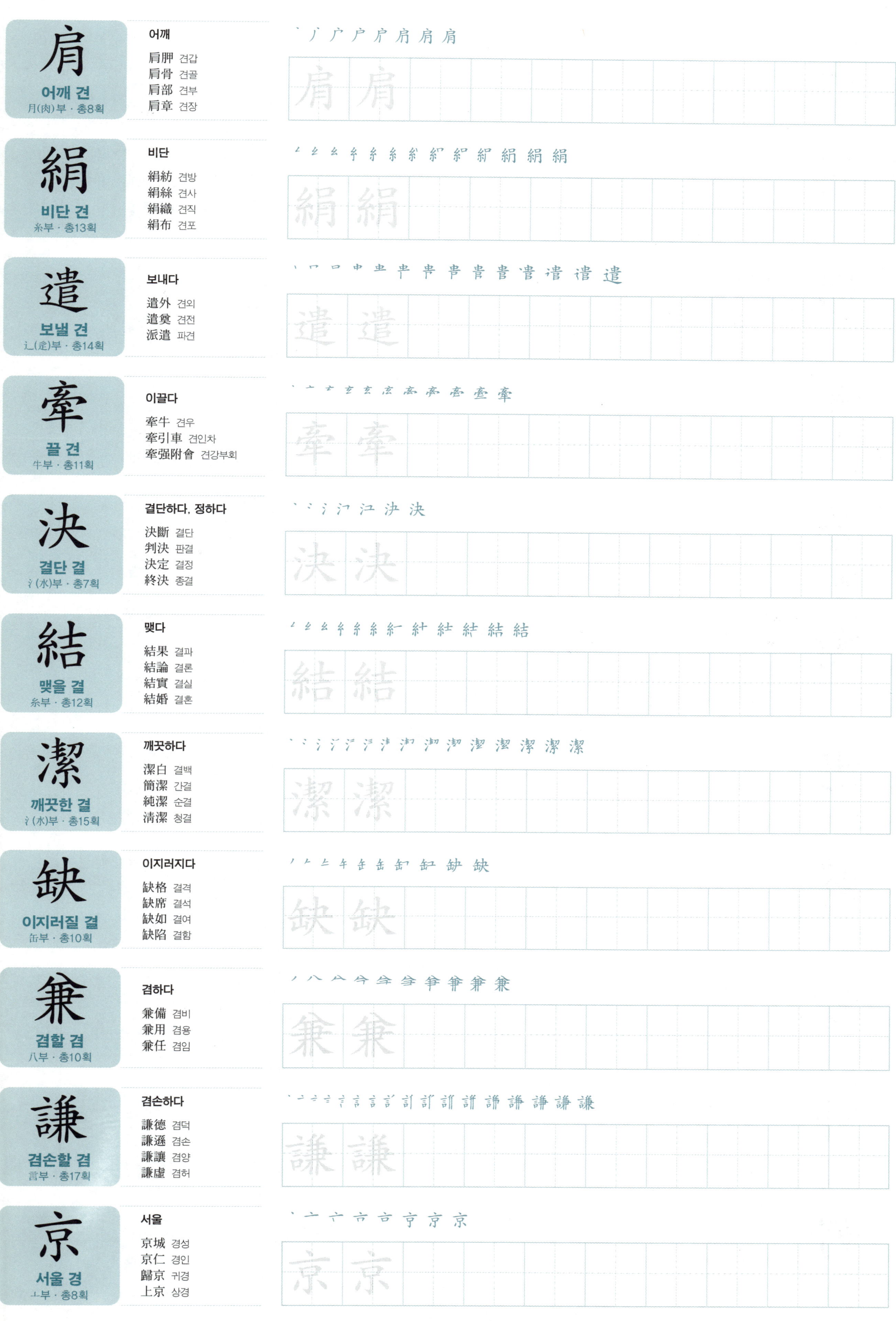

肩 어깨 견 月(肉)부 · 총8획	어깨 肩胛 견갑 肩骨 견골 肩部 견부 肩章 견장
絹 비단 견 糸부 · 총13획	비단 絹紡 견방 絹絲 견사 絹織 견직 絹布 견포
遣 보낼 견 辶(辵)부 · 총14획	보내다 遣外 견외 遣奠 견전 派遣 파견
牽 끌 견 牛부 · 총11획	이끌다 牽牛 견우 牽引車 견인차 牽强附會 견강부회
決 결단 결 氵(水)부 · 총7획	결단하다, 정하다 決斷 결단 判決 판결 決定 결정 終決 종결
結 맺을 결 糸부 · 총12획	맺다 結果 결과 結論 결론 結實 결실 結婚 결혼
潔 깨끗한 결 氵(水)부 · 총15획	깨끗하다 潔白 결백 簡潔 간결 純潔 순결 淸潔 청결
缺 이지러질 결 缶부 · 총10획	이지러지다 缺格 결격 缺席 결석 缺如 결여 缺陷 결함
兼 겸할 겸 八부 · 총10획	겸하다 兼備 겸비 兼用 겸용 兼任 겸임
謙 겸손할 겸 言부 · 총17획	겸손하다 謙德 겸덕 謙遜 겸손 謙讓 겸양 謙虛 겸허
京 서울 경 亠부 · 총8획	서울 京城 경성 京仁 경인 歸京 귀경 上京 상경

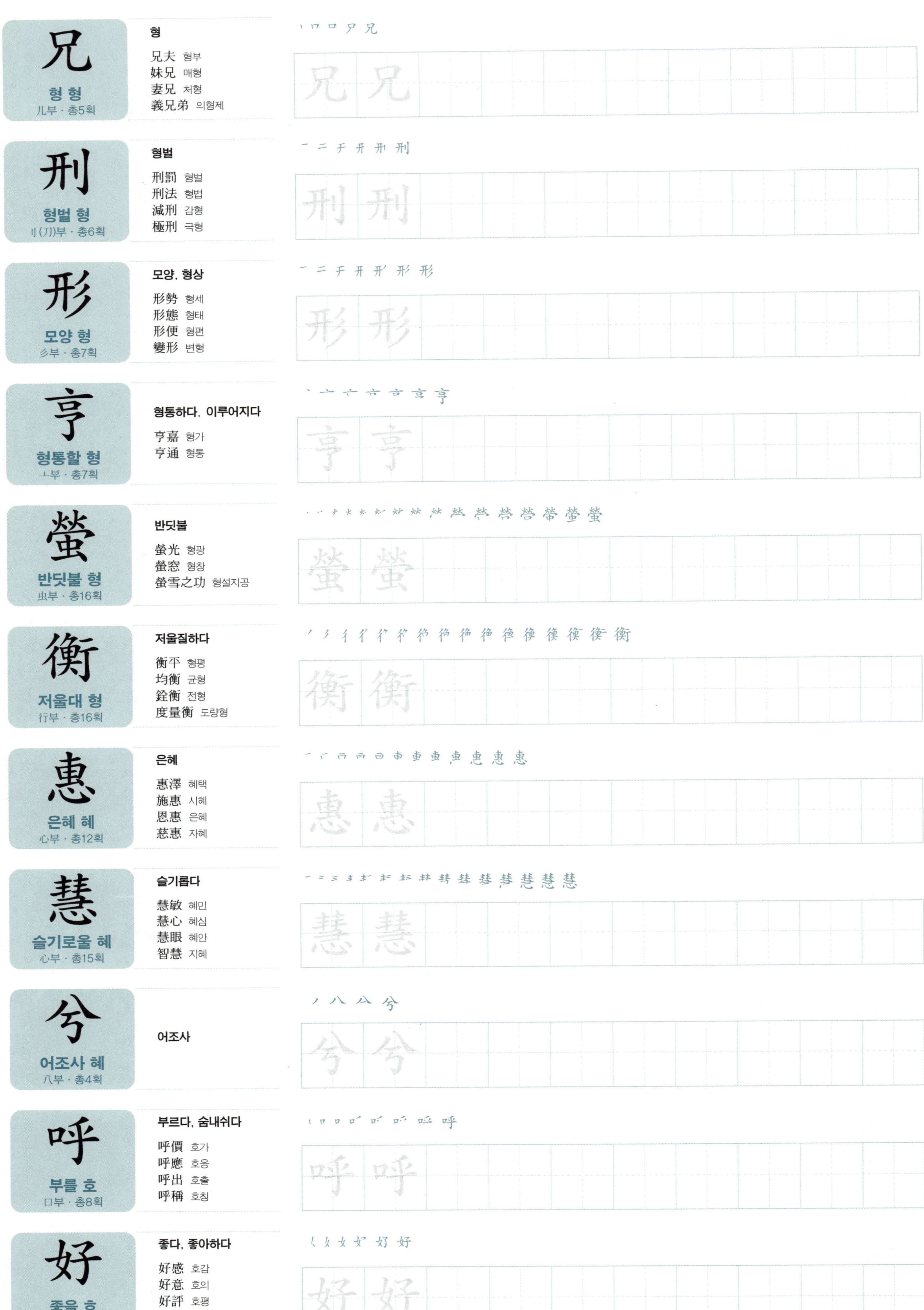

한자	훈음	뜻·부수	필순	단어

兄
형 형
儿부 · 총5획
형
兄夫 형부
妹兄 매형
妻兄 처형
義兄弟 의형제

刑
형벌 형
刂(刀)부 · 총6획
형벌
刑罰 형벌
刑法 형법
減刑 감형
極刑 극형

形
모양 형
彡부 · 총7획
모양, 형상
形勢 형세
形態 형태
形便 형편
變形 변형

亨
형통할 형
亠부 · 총7획
형통하다, 이루어지다
亨嘉 형가
亨通 형통

螢
반딧불 형
虫부 · 총16획
반딧불
螢光 형광
螢窓 형창
螢雪之功 형설지공

衡
저울대 형
行부 · 총16획
저울질하다
衡平 형평
均衡 균형
銓衡 전형
度量衡 도량형

惠
은혜 혜
心부 · 총12획
은혜
惠澤 혜택
施惠 시혜
恩惠 은혜
慈惠 자혜

慧
슬기로울 혜
心부 · 총15획
슬기롭다
慧敏 혜민
慧心 혜심
慧眼 혜안
智慧 지혜

兮
어조사 혜
八부 · 총4획
어조사

呼
부를 호
口부 · 총8획
부르다, 숨내쉬다
呼價 호가
呼應 호응
呼出 호출
呼稱 호칭

好
좋을 호
女부 · 총6획
좋다, 좋아하다
好感 호감
好意 호의
好評 호평
好況 호황

景 경치 경 日부 · 총12획	경치, 별 景觀 경관 景致 경치 背景 배경 造景 조경	丨冂冂日旦旦早昙昙景景景
庚 일곱째 천간 경 广부 · 총8획	일곱째 천간 庚伏 경복 庚辰 경진	｀一广广庐庐庚庚
耕 밭갈 경 耒부 · 총10획	밭갈다 耕作 경작 農耕 농경 晝耕夜讀 주경야독	｀ニ三丰丰耒耒耒耕耕
敬 공경할 경 攵(攴)부 · 총13획	공경하다 敬老 경로 敬禮 경례 恭敬 공경 尊敬 존경	` ｀ ｙ ＋ ＋ 艻 芍 苟 苟 苟 敬 敬 敬
驚 놀랄 경 馬부 · 총23획	놀라다 驚異 경이 大驚失色 대경실색	놀랄 경 획순 驚
競 다툴 경 立부 · 총13획	다투다 競技 경기 競馬 경마 競賣 경매 競爭 경쟁	競 획순 競
經 경서 경 糸부 · 총13획	경서(글), 지나다 經書 경서 經歷 경력 經營 경영 經過 경과	｀ ｙ ｙ ｙ 幺 糸 糸 紅 經 經 經 經 經
輕 가벼울 경 車부 · 총14획	가볍다, 경솔하다 輕減 경감 輕微 경미 輕薄 경박 輕視 경시	｀ ｎ ｎ ｎ 白 車 車 輕 輕 輕 輕 輕
慶 경사 경 心부 · 총15획	경사, 하례 慶事 경사 慶弔 경조 慶祝 경축 慶賀 경하	` 一 广 广 广 广 广 声 庐 庐 庐 廖 廖 慶
竟 다할 경 立부 · 총11획	다하다 竟夜 경야 究竟 구경 畢竟 필경	` ` 一 立 立 产 音 音 音 竟 竟
境 지경 경 土부 · 총14획	경계 境界 경계 境遇 경우 境地 경지 環境 환경	一 十 圥 圥 圥 圹 圹 垃 培 培 境 境 境

現 나타날 현 王(玉)부 · 총11획	나타나다, 지금 現象 현상 現況 현황 表現 표현 現段階 현단계
賢 어질 현 貝부 · 총15획	어질다, 현명하다 賢明 현명 賢者 현자 先賢 선현 聖賢 성현
玄 검을 현 玄부 · 총5획	검다, 깊다 玄木 현목 玄武 현무 玄米 현미 幽玄 유현
絃 악기줄 현 糸부 · 총11획	줄 絃樂器 현악기 七絃琴 칠현금
縣 고을 현 糸부 · 총16획	고을 縣監 현감 縣令 현령
懸 매달 현 心부 · 총20획	떨어지다, 늘어지다 懸隔 현격 懸賞 현상 懸案 현안
顯 나타날 현 頁부 · 총23획	드러나다, 나타나다 顯考 현고 顯達 현달 顯著 현저
血 피 혈 血부 · 총6획	피 血氣 혈기 血色 혈색 血壓 혈압 血緣 혈연
穴 구멍 혈 穴부 · 총5획	구멍 穴居 혈거 虎穴 호혈
協 합할 협 十부 · 총8획	합하다, 맞다, 화합하다 協力 협력 協商 협상 農協 농협 妥協案 타협안
脅 옆구리 협 月(肉)부 · 총10획	으르다 脅迫 협박 脅制 협제 威脅 위협

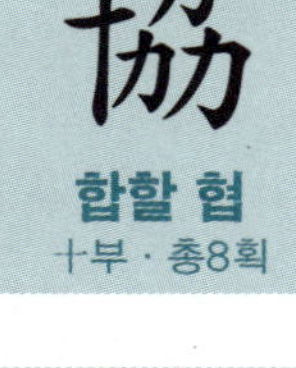

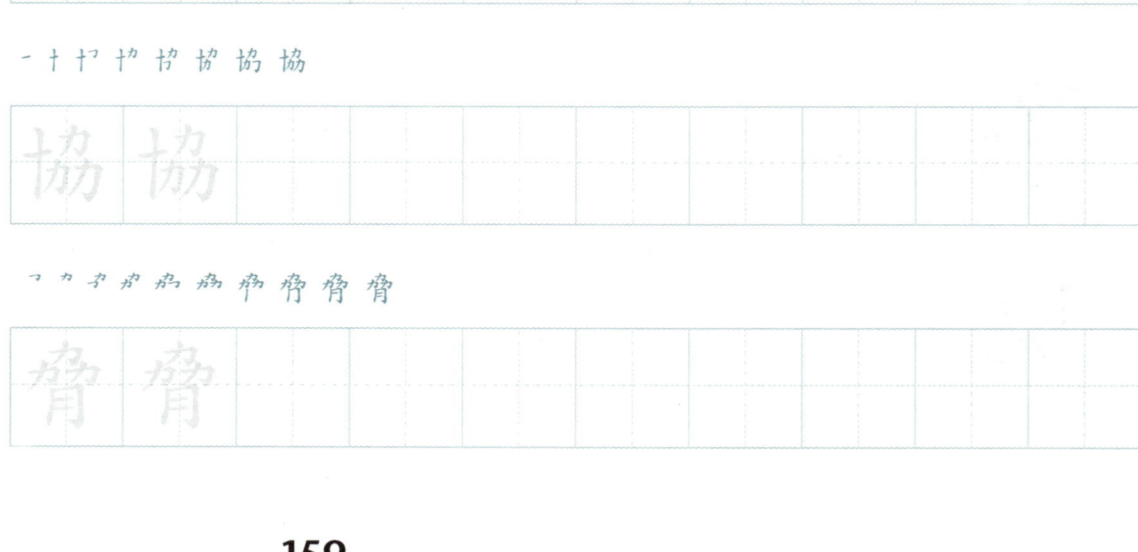

鏡

거울 경
金부 · 총19획

거울

鏡臺 경대
面鏡 면경
眼鏡 안경
破鏡 파경

ノ ナ ト ヒ 乍 年 牟 金 金 釒 鈩 鈩 鈩 鈩 鐈 鐈 鐈 鏡

頃

잠깐 경
頁부 · 총11획

잠깐

頃刻 경각
頃年 경년
萬頃 만경

一 ヒ ヒ ヒ゛ ヒ゛ 坋 頃 頃 頃 頃 頃

傾

기울 경
亻(人)부 · 총13획

기울다

傾斜 경사
傾聽 경청
傾向 경향

ノ 亻 亻 仆 化 化 価 傾 傾 傾 傾 傾 傾

硬

굳을 경
石부 · 총12획

단단하다

硬度 경도
硬性 경성
硬直 경직
硬化 경화

一 ア 丆 石 石 矷 砠 砠 硯 硬 硬

警

경계할 경
言부 · 총20획

경계하다

警戒 경계
警告 경고
警官 경관
警鐘 경종

丶 ⺊ ⺊ ++ ヸ 芍 苟 苟 茍 歚 敬 敬 敬 警 警 警 警 警

徑

지름길 경
彳부 · 총10획

길

徑路 경로
半徑 반경
直徑 직경
捷徑 첩경

ノ 彳 彳 彳 彳 徑 徑 徑 徑 徑

卿

벼슬 경
卩부 · 총12획

벼슬

卿相 경상
公卿 공경
樞機卿 추기경

丶 𠂆 乊 乥 夘 夘 夘 卯 卿 卿 卿 卿

癸

열째 천간 계
癶부 · 총9획

열째 천간

癸未 계미
癸水 계수
癸丑 계축

フ ㄱ 癶 癶 癶 癶 癶 癸 癸

季

계절 계
子부 · 총8획

계절, 막내, 끝

季刊 계간
冬季 동계
秋季 추계
四季節 사계절

一 二 千 禾 禾 季 季 季

溪

시내 계
氵(水)부 · 총13획

시내

溪谷 계곡
碧溪水 벽계수
清溪川 청계천

丶 丶 氵 氵 氵 浐 浐 浐 溪 溪 溪 溪 溪

界

지경 계
田부 · 총9획

지경, 세계

境界 경계
政界 정계
學界 학계
教育界 교육계

丨 冂 冂 田 田 田 畀 畀 界 界

香 향기 향 香部 · 총9획	향기 香氣 향기 香水 향수 香油 향유 墨香 묵향	´ 二 千 禾 禾 禾 香 香 香
響 울릴 향 音部 · 총22획	울리다, 반응하다 響應 향응 影響 영향 音響 음향	
享 누릴 향 亠部 · 총8획	누리다, 대접하다 享樂 향락 享有 향유	
虛 빌 허 虍部 · 총12획	비다, 공허하다 虛妄 허망 虛事 허사 虛勢 허세 虛僞 허위	
許 허락할 허 言部 · 총11획	허락하다 許可 허가 許諾 허락 許容 허용 免許 면허	
軒 추녀 헌 車部 · 총10획	높이 오르다 軒擧 헌거 軒昂 헌앙	
憲 법 헌 心部 · 총16획	법 憲法 헌법 憲章 헌장 改憲 개헌	
獻 바칠 헌 犬部 · 총20획	바치다, 드리다 獻納 헌납 獻身 헌신 獻花 헌화 貢獻 공헌	
險 험할 험 阝(阜)部 · 총16획	험하다 險難 험난 冒險 모험 危險 위험	
驗 시험할 험 馬部 · 총23획	시험, 징조, 효능 經驗 경험 試驗 시험 靈驗 영험 效驗 효험	
革 가죽 혁 革部 · 총9획	가죽 革帶 혁대 皮革 피혁	

鷄 닭 계 — 鳥부·총21획
닭
鷄卵 계란 / 養鷄場 양계장 / 群鷄一鶴 군계일학

計 꾀 계 — 言부·총9획
셈하다, 계산
計略 계략 / 計策 계책 / 生計 생계 / 合計 합계

系 이을 계 — 糸부·총7획
잇다
系譜 계보 / 系列 계열 / 系統 계통

係 걸릴 계 — 亻(人)부·총9획
관계되다
係累 계루 / 係員 계원 / 係長 계장 / 關係 관계

戒 경계할 계 — 戈부·총7획
경계
戒法 계법 / 戒嚴 계엄 / 戒律 계율 / 懲戒 징계

械 형틀 계 — 木부·총11획
기계
機械 기계

繼 이을 계 — 糸부·총20획
잇다
繼母 계모 / 繼續 계속 / 繼承 계승 / 後繼者 후계자

契 맺을 계 — 大부·총9획
맺다
契機 계기 / 契約 계약 / 契員 계원 / 契主 계주

桂 계수나무 계 — 木부·총10획
계수나무
桂樹 계수 / 桂秋 계추 / 月桂樹 월계수

啓 열 계 — 口부·총11획
열다
啓導 계도 / 啓蒙 계몽 / 啓示 계시 / 啓蟄 계칩

階 섬돌 계 — 阝(阜)부·총12획
계단
階級 계급 / 階段 계단 / 階層 계층

害	해치다, 해하다, 손해	
해칠 해 宀부 · 총10획	害毒 해독 害蟲 해충 迫害 박해 傷害 상해	

海	바다	
바다 해 氵(水)부 · 총10획	海流 해류 海邊 해변 海賊 해적 海戰 해전	

解	해부하다, 풀다	
해부할 해 角부 · 총13획	解夢 해몽 解産 해산 解釋 해석 難解 난해	

亥	돼지, 지지의 열 두째	
돼지 해 亠부 · 총6획	亥時 해시 乙亥年 을해년	

奚	어찌, 어느	
어찌 해 大부 · 총10획		

該	그, 갖추다	
그 해 言부 · 총13획	該當 해당 該博 해박	

核	씨, 일의 중심이 되는 부분	
씨 핵 木부 · 총10획	核果 핵과 核膜 핵막 核心 핵심	

行	다니다, 가다, 항렬	
다닐 행/항렬 항 行부 · 총6획	行人 행인 慣行 관행 旅行 여행 行列 항렬	

幸	다행	
다행 행 干부 · 총8획	幸福 행복 多幸 다행 不幸 불행 幸運兒 행운아	

向	향하다, 대하다	
향할 향 口부 · 총6획	傾向 경향 動向 동향 轉向 전향 方向 방향	

鄕	시골	
시골 향 阝(邑)부 · 총13획	鄕校 향교 鄕愁 향수 故鄕 고향 歸鄕 귀향	

繫 맬 계 糸부 · 총19	매다 **繫留** 계류 **繫縛** 계박 **繫屬** 계속
高 높을 고 高부 · 총10획	높다 **高潔** 고결 **高貴** 고귀 **高級** 고급 **最高** 최고
古 예 고 口부 · 총5획	예(옛), 선조 **古宮** 고궁 **古今** 고금 **古木** 고목 **古典** 고전
固 굳을 고 口부 · 총8획	굳다 **固守** 고수 **固定** 고정 **固體** 고체 **堅固** 견고
故 예 고 攵(攴)부 · 총9획	예전의, 연고, 고의로 **故鄕** 고향 **故障** 고장 **故意** 고의 **緣故** 연고
苦 쓸 고 艹(艸)부 · 총9획	쓰다, 괴롭다 **苦難** 고난 **苦生** 고생 **苦心** 고심 **苦學** 고학
告 알릴 고 口부 · 총7획	알리다, 고하다 **告發** 고발 **告白** 고백 **告訴** 고소 **警告** 경고
考 생각할 고 耂(老)부 · 총6획	생각하다 **考慮** 고려 **考試** 고시 **考察** 고찰 **備考** 비고
姑 시어미 고 女부 · 총8획	시어미니 **姑母** 고모 **姑婦** 고부 **姑從** 고종
庫 곳집 고 广부 · 총10획	창고 **金庫** 금고 **入庫** 입고 **倉庫** 창고 **出庫** 출고
孤 외로울 고 子부 · 총8획	외롭다 **孤獨** 고독 **孤兒** 고아 **孤立無援** 고립무원

割	가르다, 쪼개다		
나눌 할	割當 할당	割賦 할부	割愛 할애 · 割引 할인
刂(刀)부 · 총12획			

咸	다, 모두	
다 함	咸告 함고	咸池 함지
口부 · 총9획		

含	머금다, 품다, 다, 모두		
머금을 함	含量 함량	含有 함유	含蓄 함축 · 包含 포함
口부 · 총7획			

陷	빠지다, 모자라다		
빠질 함	陷落 함락	陷沒 함몰	陷穽 함정 · 缺陷 결함
阝(阜)부 · 총11획			

合	합하다		
합 합	合黨 합당	合勢 합세	合乘 합승 · 糾合 규합
口부 · 총6획			

恒	항상, 늘	
항상 항	恒常 항상	恒心 항심
忄(心)부 · 총9획		

巷	거리, 동네	
거리 항	巷間 항간	巷說 항설 · 巷謠 항요
巳부 · 총9획		

港	항구		
항구 항	港口 항구	開港 개항	入港 입항 · 出港 출항
氵(水)부 · 총12획			

項	항목, 조목	
항목 항	項目 항목	問項 문항 · 條項 조항
頁부 · 총12획		

抗	막다, 저항하다		
막을 항	抗拒 항거	抗議 항의	反抗 반항 · 抵抗 저항
扌(手)부 · 총7획			

航	배		
배 항	航空 항공	航路 항로	航海 항해 · 渡航 도항
舟부 · 총10획			

鼓	북	
북 고 鼓부 · 총13획	鼓舞 고무 鼓手 고수 鼓吹 고취	

稿	원고	
원고 고 禾부 · 총15획	稿料 고료 原稿 원고 遺稿 유고 草稿 초고	

顧	돌아보다	
돌아볼 고 頁부 · 총21획	顧客 고객 顧慮 고려 顧問 고문 回顧 회고	

枯	마르다	
마를 고 木부 · 총9획	枯渴 고갈 枯木 고목 枯葉 고엽 枯旱症 고한증	

谷	골짜기	
골 곡 谷부 · 총7획	溪谷 계곡 深山幽谷 심산유곡	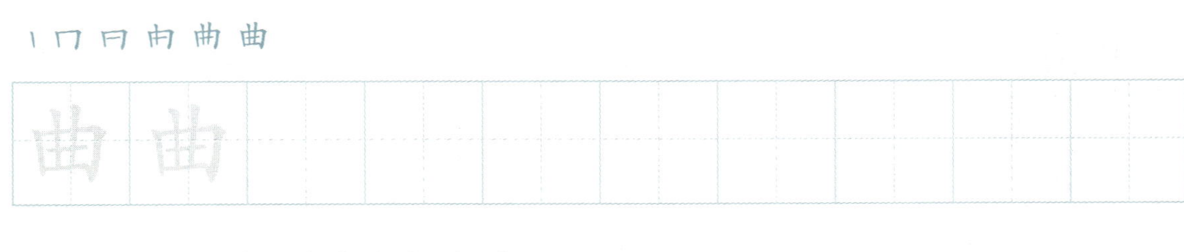

曲	굽다	
굽을 곡 曰부 · 총6획	曲藝 곡예 曲解 곡해 懇曲 간곡 編曲 편곡	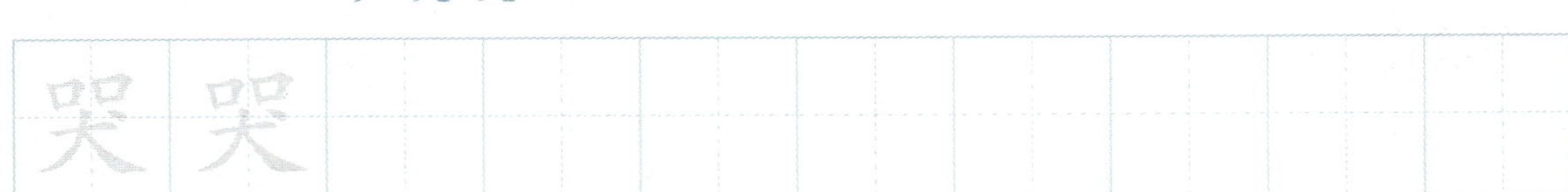

穀	곡식	
곡식 곡 禾부 · 총15획	穀類 곡류 穀食 곡식 糧穀 양곡 雜穀 잡곡	

哭	울다	
울 곡 口부 · 총10획	哭聲 곡성 哭泣 곡읍 大哭 대곡 痛哭 통곡	

坤	땅	
땅 곤 土부 · 총8획	坤卦 곤괘 乾坤 건곤	

困	곤하다, 괴롭다	
곤할 곤 □부 · 총7획	困境 곤경 困惑 곤혹 貧困 빈곤 疲困 피곤	

骨	뼈	
뼈 골 骨부 · 총10획	骨格 골격 骨盤 골반 骨折 골절 眞骨 진골	

荷
연 하
艹(艸)부 · 총11획

연꽃, 짊어지다

荷物 하물
荷役 하역
荷重 하중

學
배울 학
子부 · 총16획

배우다, 공부하다

學校 학교
學年 학년
學歷 학력
學業 학업

鶴
학 학
鳥부 · 총21획

학

鶴望 학망
鶴壽 학수
白鶴 백학

寒
찰 한
宀부 · 총12획

차다, 춥다

寒氣 한기
寒食 한식
寒波 한파
三寒四溫 삼한사온

恨
한할 한
忄(心)부 · 총9획

한하다, 한탄하다

恨歎 한탄
餘恨 여한
怨恨 원한
痛恨 통한

限
한계 한
阝(阜)부 · 총9획

한계, 한정

局限 국한
權限 권한
極限 극한
期限附 기한부

漢
한나라 한
氵(水)부 · 총14획

한나라, 놈

漢詩 한시
漢字 한자
漢族 한족
怪漢 괴한

閑
한가할 한
門부 · 총12획

한가하다

閑暇 한가
閑散 한산
閑寂 한적
農閑期 농한기

韓
나라이름 한
韋부 · 총17획

나라이름

韓國 한국
訪韓 방한
北韓 북한
韓半島 한반도

旱
가물 한
日부 · 총7획

가물다

旱魃 한발
旱災 한재
旱害 한해

汗
땀 한
氵(水)부 · 총6획

땀

汗蒸 한증
冷汗 냉한
發汗 발한

工 장인 공 — 工부·총3획
장인, 만들다
- 工事 공사
- 細工 세공
- 完工 완공
- 鐵工 철공

共 함께 공 — 八부·총6획
함께, 한가지
- 共犯 공범
- 共學 공학
- 共通 공통
- 滅共 멸공

公 공평할 공 — 八부·총4획
공평하다
- 公正 공정
- 公評 공평
- 公務員 공무원

功 공 공 — 力부·총5획
공
- 功德 공덕
- 功績 공적
- 武功 무공
- 功名心 공명심

空 빌 공 — 穴부·총8획
텅 비다, 하늘
- 空間 공간
- 空襲 공습
- 空轉 공전
- 虛空 허공

孔 구멍 공 — 子부·총4획
구멍
- 孔孟 공맹
- 孔雀 공작
- 瞳孔 동공

供 이바지할 공 — 亻(人)부·총8획
이바지하다
- 供給 공급
- 供養 공양
- 供出 공출
- 提供 제공

恭 공손할 공 — 忄(心)부·총10획
공손하다
- 恭敬 공경
- 恭遜 공손
- 恭順 공순
- 不恭 불공

攻 칠 공 — 攵(攴)부·총7획
공격하다
- 攻擊 공격
- 攻略 공략
- 攻防 공방
- 攻勢 공세

恐 두려울 공 — 心부·총10획
두려워하다
- 恐喝 공갈
- 恐怖 공포
- 恐慌 공황

貢 바칠 공 — 貝부·총10획
바치다
- 貢納 공납
- 貢獻 공헌
- 朝貢 조공

避

피할 피
辶(辵)부 · 총17획

피하다

避難 피난
避暑 피서
避身 피신
逃避 도피

必

반드시 필
心부 · 총5획

반드시

必讀 필독
必然 필연
事必歸正 사필귀정

筆

붓 필
竹부 · 총12획

붓, 글씨

筆答 필답
筆跡 필적
一筆揮之 일필휘지

匹

짝 필
二부 · 총4획

짝

匹夫 필부
配匹 배필

畢

마칠 필
田부 · 총11획

마치다, 끝내다

畢竟 필경
畢納 필납
畢證 필증

下

아래 하
一부 · 총3획

아래, 밑

下卷 하권
下端 하단
下部 하부
下流 하류

河

물 하
氵(水)부 · 총8획

물, 강, 강 이름

河口 하구
河川 하천
運河 운하
氷河 빙하

夏

여름 하
夂부 · 총10획

여름

夏季 하계
夏期 하기
立夏 입하
春夏秋冬 춘하추동

何

어찌 하
亻(人)부 · 총7획

어찌, 무엇

如何 여하
何如間 하여간

賀

하례 하
貝부 · 총12획

하례하다

賀客 하객
賀禮 하례
祝賀 축하
年賀狀 연하장

果	열매
열매 과 木部 · 총8획	果實 과실 果樹園 과수원 無花果 무화과

課	부과하다, 공부하다
부과할 과 言部 · 총15획	課稅 과세 課外 과외 課程 과정 課題 과제

科	과목, 조목
과목 과 禾部 · 총9획	科擧 과거 科學 과학 法科 법과 敎科書 교과서

過	지나치다, 통과하다
지날 과 辶(辵)部 · 총13획	過激 과격 過勞 과로 過敏 과민 過速 과속

誇	자랑하다
자랑할 과 言部 · 총13획	誇功 과공 誇大 과대 誇示 과시 誇張 과장

寡	적다, 과부
적을 과 宀部 · 총14획	寡默 과묵 寡聞 과문 寡婦 과부 寡少 과소

郭	성곽, 둘레
성곽 곽 阝(邑)部 · 총11획	城郭 성곽 外郭 외곽 輪郭 윤곽

官	벼슬
벼슬 관 宀部 · 총8획	官吏 관리 官署 관서 官廳 관청 警官 경관

觀	보다
볼 관 見部 · 총25획	觀覽 관람 觀相 관상 觀照 관조 觀衆 관중

關	관계하다
관계할 관 門部 · 총19획	關係 관계 關聯 관련 關心 관심

館	집, 건물
객사 관 食部 · 총17획	館長 관장 別館 별관 成均館 성균관

表 겉 표
衣부 · 총8획
겉, 거죽
圖表 도표
一覽表 일람표
表裏不同 표리부동

票 표 표
示부 · 총11획
표
票決 표결
賣票 매표
傳票 전표
車票 차표

標 표할 표
木부 · 총15획
표시하다
標榜 표방
標本 표본
標示 표시
標準 표준

漂 떠돌 표
氵(水)부 · 총14획
떠돌다, 헹구다
漂浪 표랑
漂流 표류
漂白 표백
浮漂 부표

品 물건 품
口부 · 총9획
물건, 물품
品格 품격
品種 품종
納品 납품
賞品 상품

風 바람 풍
風부 · 총9획
바람
風景 풍경
風浪 풍랑
風前燈火 풍전등화

豊 풍성할 풍
豆부 · 총13획
풍성하다, 풍년
豊年 풍년
豊滿 풍만
豊富 풍부
豊盛 풍성

皮 가죽 피
皮부 · 총5획
가죽
皮骨 피골
皮下 피하
毛皮 모피
鐵面皮 철면피

彼 저 피
彳부 · 총8획
저
彼此 피차
此日彼日 차일피일

疲 지칠 피
疒부 · 총10획
지치다, 피곤하다
疲困 피곤
疲勞 피로
疲弊 피폐

被 이불 피
衤(衣)부 · 총10획
입다, 피해를 당하다
被服 피복
被殺 피살
被疑者 피의자
被害 피해

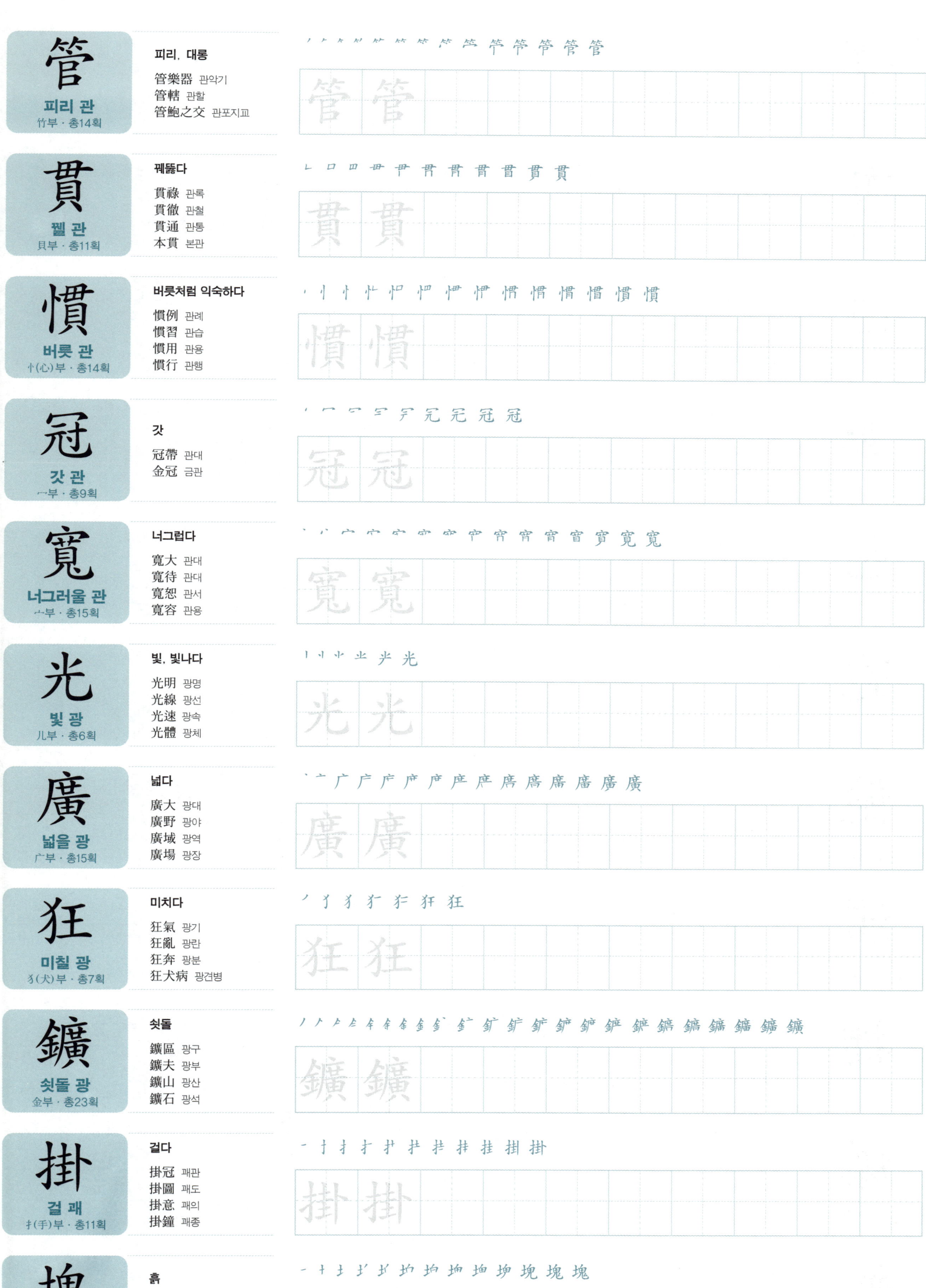

管	피리, 대롱	
피리 관 竹부 · 총14획	管樂器 관악기 管轄 관할 管鮑之交 관포지교	

貫	꿰뚫다	
꿸 관 貝부 · 총11획	貫祿 관록 貫徹 관철 貫通 관통 本貫 본관	

慣	버릇처럼 익숙하다	
버릇 관 忄(心)부 · 총14획	慣例 관례 慣習 관습 慣用 관용 慣行 관행	

冠	갓	
갓 관 冖부 · 총9획	冠帶 관대 金冠 금관	

寬	너그럽다	
너그러울 관 宀부 · 총15획	寬大 관대 寬待 관대 寬恕 관서 寬容 관용	

光	빛, 빛나다	
빛 광 儿부 · 총6획	光明 광명 光線 광선 光速 광속 光體 광체	

廣	넓다	
넓을 광 广부 · 총15획	廣大 광대 廣野 광야 廣域 광역 廣場 광장	

狂	미치다	
미칠 광 犭(犬)부 · 총7획	狂氣 광기 狂亂 광란 狂奔 광분 狂犬病 광견병	

鑛	쇳돌	
쇳돌 광 金부 · 총23획	鑛區 광구 鑛夫 광부 鑛山 광산 鑛石 광석	

掛	걸다	
걸 괘 扌(手)부 · 총11획	掛冠 괘관 掛圖 괘도 掛意 괘의 掛鐘 괘종	

塊	흙	
흙덩이 괴 土부 · 총13획	塊石 괴석 塊炭 괴탄 塊形 괴형	

幣 비단 폐 巾부 · 총15획	예물, 돈 幣帛 폐백 造幣 조폐 紙幣 지폐 貨幣 화폐
布 베 포/보시 보 巾부 · 총5획	베, 포목, 펴다 布木 포목 公布 공포 毛布 모포 配布 배포
抱 안을 포 扌(手)부 · 총8획	(가슴에) 안다 抱負 포부 抱擁 포옹 抱腹絕倒 포복절도
暴 사나울 포/폭 日부 · 총15획	사납다, 드러내다 暴惡 포악 暴君 폭군 暴落 폭락 暴露 폭로
包 쌀 포 勹부 · 총5획	싸다, 포함하다 包括 포괄 包裝 포장 包含 포함
胞 태보 포 月(肉)부 · 총9획	태보, 친형제 胞胎 포태 同胞 동포 細胞 세포
飽 배부를 포 食부 · 총14획	배부르다 飽食 포식 飽和 포화
浦 물가 포 氵(水)부 · 총10획	물가, 바닷가 浦口 포구 浦港 포항
捕 사로잡을 포 扌(手)부 · 총10획	사로잡다, 붙잡다 捕虜 포로 捕縛 포박 捕捉 포착 生捕 생포
爆 터질 폭 火부 · 총19획	터지다 爆擊 폭격 爆發 폭발 爆彈 폭탄 爆破 폭파
幅 너비 폭 巾부 · 총12획	폭, 넓이 步幅 보폭 前幅 전폭 振幅 진폭

愧
부끄러워할 괴
忄(心)부 · 총1획

부끄러워하다
愧色 괴색
愧心 괴심
羞愧 수괴

怪
기이할 괴
忄(心)부 · 총8획

기이하다
怪力 괴력
怪變 괴변
怪漢 괴한

壞
무너질 괴
土부 · 총19획

무너지다
壞滅 괴멸
壞損 괴손
壞敗 괴패
破壞 파괴

交
사귈 교
亠부 · 총6획

사귀다, 교제하다
交感 교감
交涉 교섭
交戰 교전
交際 교제

校
학교 교
木부 · 총10획

학교
校歌 교가
校庭 교정
校訓 교훈
將校 장교

教
가르칠 교
攵(攴)부 · 총11획

가르치다, 종교
教育 교육
教鍊 교련
教養 교양
宗教 종교

橋
다리 교
木부 · 총16획

다리
橋脚 교각
橋梁 교량
架橋 가교
陸橋 육교

郊
성밖 교
阝(邑)부 · 총9획

교외
郊外 교외
近郊 근교
遠郊 원교

較
견줄 교
車부 · 총13획

비교하다
較量 교량
較差 교차
比較 비교

巧
공교할 교
工부 · 총5획

공교하다, 꾸미다
巧妙 교묘
巧詐 교사
技巧 기교
精巧 정교

矯
바로잡을 교
矢부 · 총17획

바로잡다
矯世 교세
矯飾 교식
矯枉 교왕
矯正 교정

篇
책 편
竹부 · 총15획
책
短篇 단편
長篇 장편
玉篇 옥편
後篇 후편

編
엮을 편
糸부 · 총15획
엮다
編曲 편곡
編成 편성
編輯 편집
編綴 편철

遍
두루 편
辶(辵)부 · 총13획
두루, 고루 미치다
遍歷 편력
遍在 편재
普遍 보편

偏
치우칠 편
亻(人)부 · 총11획
치우치다
偏見 편견
偏食 편식
偏頗 편파
偏愛 편애

平
평평할 평
干부 · 총5획
평평하다, 평온하다, 평화
平等 평등
平安 평안
平穩 평온
平和 평화

評
평론할 평
言부 · 총12획
평가하다
評價 평가
評論 평론
評定 평정
品評 품평

閉
닫을 폐
門부 · 총11획
닫다
閉講 폐강
閉鎖 폐쇄
閉店 폐점
自閉症 자폐증

肺
허파 폐
月(肉)부 · 총9획
허파
肺腑 폐부
肺臟 폐장
肺氣腫 폐기종

廢
폐할 폐
广부 · 총15획
닫다, 폐하다
廢棄 폐기
廢業 폐업
廢止 폐지
廢墟 폐허

弊
폐단 폐
廾부 · 총15획
폐단
弊端 폐단
弊習 폐습
惡弊 악폐
疲弊 피폐

蔽
덮을 폐
++(艸)부 · 총16획
덮다, 숨기다
蔽遮 폐차
掩蔽 엄폐
隱蔽 은폐

九	아홉 구	乙부 · 총2획	아홉	九官鳥 구관조 / 九泉 구천 / 九死一生 구사일생
口	입 구	口부 · 총3획	입	口傳 구전 / 口號 구호 / 港口 항구
久	오랠 구	ノ부 · 총3획	오래되다	悠久 유구 / 長久 장구 / 永久不變 영구불변
求	구할 구	水부 · 총7획	구하다, 찾다	求愛 구애 / 求職 구직 / 求婚 구혼 / 要求 요구
救	구원할 구	攵(支)부 · 총11획	구원하다, 건지다	救國 구국 / 救援 구원 / 救濟 구제 / 救急車 구급차
句	글귀 구	口부 · 총5획	글귀, 구절	句節 구절 / 警句 경구 / 文句 문구 / 詩句 시구
究	연구할 구	穴부 · 총7획	연구하다	究明 구명 / 講究 강구 / 探究 탐구 / 學究 학구
舊	예 구	臼부 · 총18획	예(옛), 낡다	舊官 구관 / 舊面 구면 / 舊式 구식 / 復舊 복구
具	갖출 구	八부 · 총8획	갖추다, 구비하다	具備 구비 / 具色 구색 / 具現 구현
俱	함께 구	亻(人)부 · 총10획	함께	俱全 구전 / 俱存 구존 / 俱現 구현
區	지경 구	匸부 · 총11획	경계, 지역	區別 구별 / 區分 구분 / 區域 구역

頗 자못 파 頁부 · 총14획	거의, 치우치다 頗多 파다 偏頗 편파	ノ 厂 广 㫐 皮 皮 皮 厈 皏 頗 頗 頗 頗 頗
把 잡을 파 扌(手)부 · 총7획	잡다 把握 파악 把守兵 파수병	一 ナ 扌 扪 护 把 把
判 판가름할 판 刂(刀)부 · 총7획	가르다, 판단하다 判讀 판독 判書 판서 談判 담판 批判 비판	´ ゛ ⺌ ⺍ 半 判 判
板 널빤지 판 木부 · 총8획	널빤지, 판목 看板 간판 木板 목판 鐵板 철판 黑板 흑판	一 ナ 才 木 木 板 板 板
販 팔 판 貝부 · 총11획	팔다 販路 판로 販賣 판매 販促 판촉 市販 시판	丨 冂 闩 月 目 貝 貝 肵 販 販 販
版 판목 판 片부 · 총8획	널빤지 銅版 동판 木版 목판 再版 재판 出版 출판	ノ 丿 广 片 片 肵 版 版
八 여덟 팔 八부 · 총2획	여덟, 8 八角 팔각 八景 팔경 百八煩惱 백팔번뇌	ノ 八
貝 조개 패 貝부 · 총7획	조개, 돈, 재물 貝物 패물 魚貝類 어패류	丨 冂 闩 月 目 貝 貝
敗 패할 패 攵(攴)부 · 총11획	패하다 敗北 패배 敗訴 패소 腐敗 부패 慘敗 참패	丨 冂 闩 月 目 貝 貝 盯 敗 敗 敗
片 조각 편 片부 · 총4획	조각 破片 파편 一片丹心 일편단심	ノ 丿 广 片
便 편할 편/똥오줌 변 亻(人)부 · 총9획	편하다, 똥오줌 便宜 편의 簡便 간편 小便 소변 便器 변기	ノ 亻 亻 仟 佰 佰 佰 便 便

驅	몰다, 몰아내다	一厂FFF馬馬馬馬馬馬馬馬馬馬馬馬馬馬馬驅驅驅驅
몰 구 馬부 · 총21획	驅迫 구박 驅步 구보 驅使 구사 驅蟲 구충	驅 驅

苟	한때, 구차히	一十十十十节苞苟苟
진실로 구 艹(艸)부 · 총9획	苟免 구면 苟生 구생 苟安 구안 苟且 구차	苟 苟

拘	잡다	一十才扩扚拘拘拘
잡을 구 扌(手)부 · 총8획	拘禁 구금 拘留 구류 拘束 구속 拘置 구치	拘 拘

狗	개	ノイイイ犳狗狗狗
개 구 犭(犬)부 · 총8획	走狗 주구	狗 狗

丘	언덕	ノイ斤斤丘
언덕 구 一부 · 총5획	丘陵 구릉 丘木 구목 丘山 구산	丘 丘

懼	두려워하다	丶忄忄忄忄忄忄忄忄忄忄忄忄忄惟惟惟懼懼懼
두려워할 구 忄(心)부 · 총21획	恐懼 공구 悚懼 송구 畏懼 외구	懼 懼

構	구상하다	一十才木木木栉栉栉構構構構構
얽을 구 木부 · 총14획	構想 구상 構成 구성 構造 구조 構築 구축	構 構

球	공	一二Ｔ王王刊刊玗玗球球
공 구 王(玉)부 · 총11획	球團 구단 球面 구면 球形 구형	球 球

國	나라	一门门冂冃国国國國國
나라 국 口부 · 총11획	國歌 국가 國寶 국보 建國 건국 國慶日 국경일	國 國

菊	국화	一十十十十节苏苟茹菊菊菊
국화 국 艹(艸)부 · 총12획	菊花 국화 野菊 야국 秋菊 추국 黃菊 황국	菊 菊

局	판국	フママ尸尸局局局
판 국 尸부 · 총7획	局面 국면 局限 국한 當局 당국 全局 전국	局 局

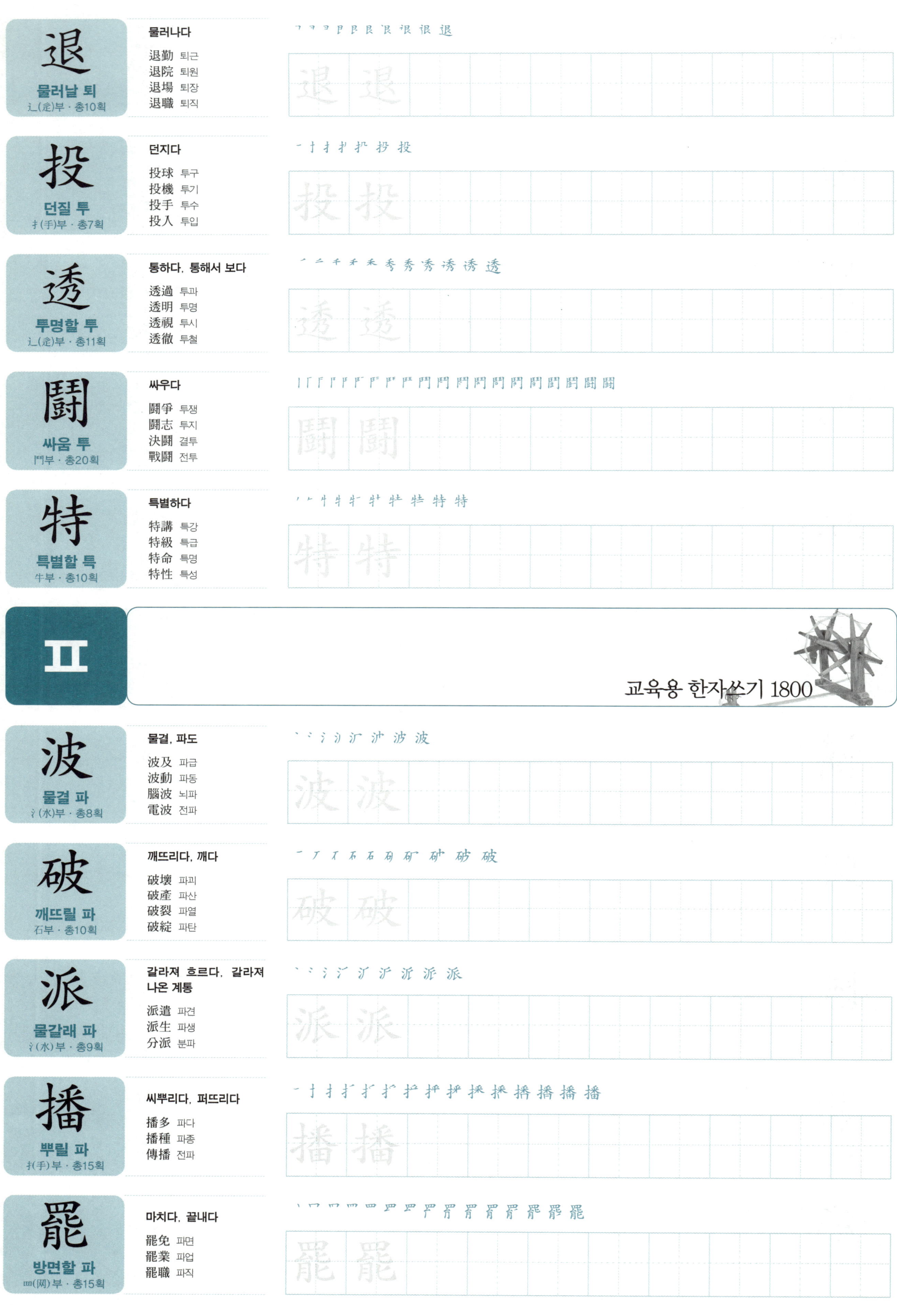

退 물러날 퇴 辶(辵)부 · 총10획	물러나다 退勤 퇴근 退院 퇴원 退場 퇴장 退職 퇴직	그 그 ㅋ 尸 艮 艮 艮 退 退 退
投 던질 투 扌(手)부 · 총7획	던지다 投球 투구 投機 투기 投手 투수 投入 투입	一 十 扌 扩 投 投 投
透 투명할 투 辶(辵)부 · 총11획	통하다. 통해서 보다 透過 투과 透明 투명 透視 투시 透徹 투철	一 二 千 禾 秀 秀 秀 透 透 透 透
鬪 싸움 투 鬥부 · 총20획	싸우다 鬪爭 투쟁 鬪志 투지 決鬪 결투 戰鬪 전투	鬥 鬥 鬥 鬥 鬥 鬥 鬥 門 門 門 門 門 門 鬥 鬥 鬪 鬪
特 특별할 특 牛부 · 총10획	특별하다 特講 특강 特級 특급 特命 특명 特性 특성	一 二 牛 牛 牛 牜 特 特 特 特

교육용 한자쓰기 1800

波 물결 파 氵(水)부 · 총8획	물결, 파도 波及 파급 波動 파동 腦波 뇌파 電波 전파	丶 丶 氵 氵 汀 沪 波 波
破 깨뜨릴 파 石부 · 총10획	깨뜨리다, 깨다 破壞 파괴 破産 파산 破裂 파열 破綻 파탄	一 厂 厂 石 石 矽 矽 矽 破 破
派 물갈래 파 氵(水)부 · 총9획	갈라져 흐르다, 갈라져 나온 계통 派遣 파견 派生 파생 分派 분파	丶 丶 氵 汀 汀 沉 派 派 派
播 뿌릴 파 扌(手)부 · 총15획	씨뿌리다, 퍼뜨리다 播多 파다 播種 파종 傳播 전파	一 十 扌 扌 扩 护 护 护 挦 挼 採 播 播 播 播
罷 방면할 파 罒(网)부 · 총15획	마치다, 끝내다 罷免 파면 罷業 파업 罷職 파직	丶 丿 冖 罒 罒 罒 罒 罘 罷 罷 罷 罷 罷 罷 罷

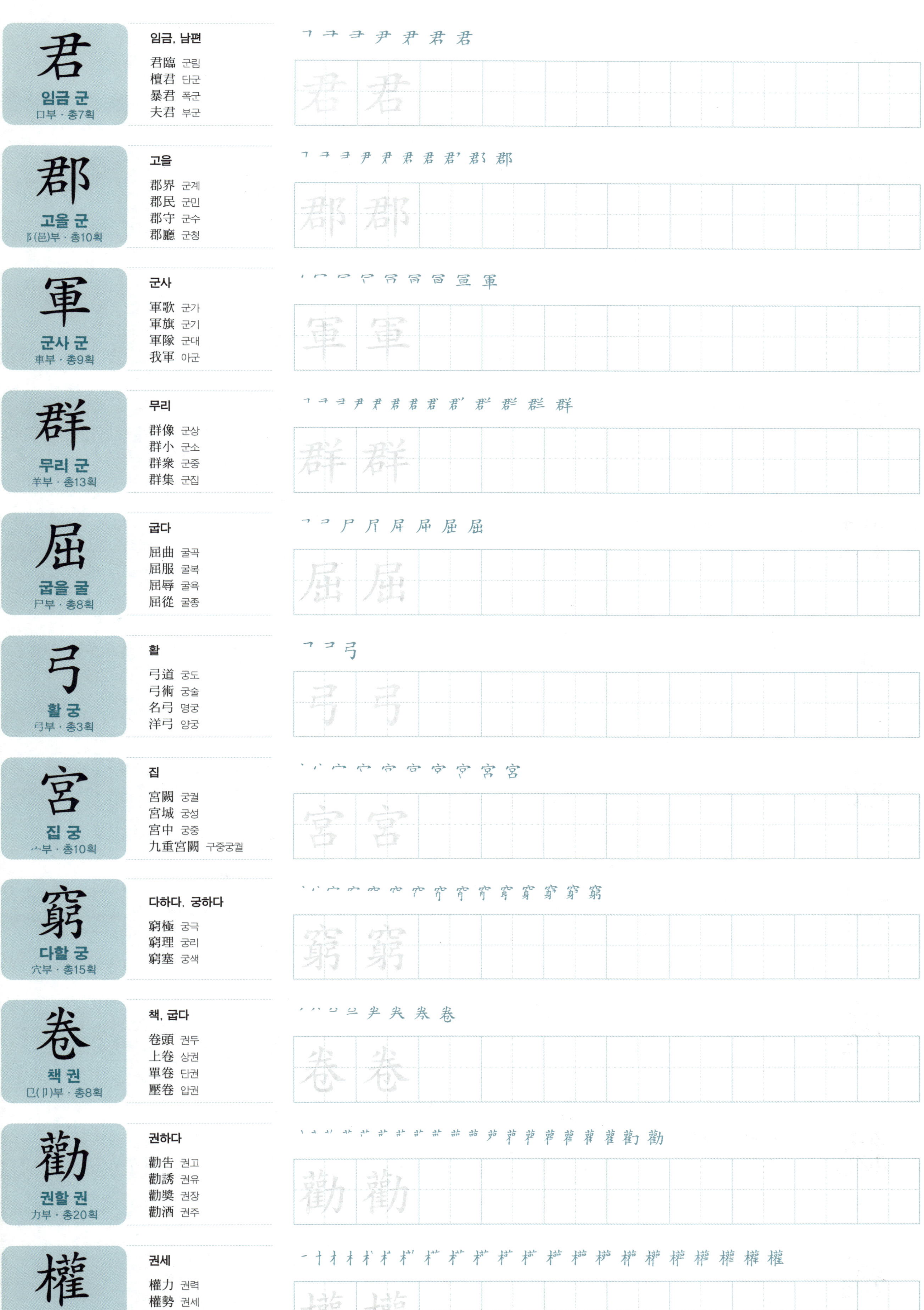

君	임금 군	口부 · 총7획	임금, 남편	君臨 군림 / 檀君 단군 / 暴君 폭군 / 夫君 부군	ㄱㄱㅋ尹尹君君
郡	고을 군	⻖(邑)부 · 총10획	고을	郡界 군계 / 郡民 군민 / 郡守 군수 / 郡廳 군청	ㄱㄱㅋ尹尹君君君'郡郡
軍	군사 군	車부 · 총9획	군사	軍歌 군가 / 軍旗 군기 / 軍隊 군대 / 我軍 아군	一冖冖冖宣軍
群	무리 군	羊부 · 총13획	무리	群像 군상 / 群小 군소 / 群衆 군중 / 群集 군집	ㄱㄱㅋ尹尹君君君'群群群群
屈	굽을 굴	尸부 · 총8획	굽다	屈曲 굴곡 / 屈服 굴복 / 屈辱 굴욕 / 屈從 굴종	ㄱㄱ尸尸屄屈屈
弓	활 궁	弓부 · 총3획	활	弓道 궁도 / 弓術 궁술 / 名弓 명궁 / 洋弓 양궁	ㄱㄱ弓
宮	집 궁	宀부 · 총10획	집	宮闕 궁궐 / 宮城 궁성 / 宮中 궁중 / 九重宮闕 구중궁궐	丶冖宀宁宫宫宫宫宮宮
窮	다할 궁	穴부 · 총15획	다하다, 궁하다	窮極 궁극 / 窮理 궁리 / 窮塞 궁색	丶宀穴穴穷穷穷穷穷窮窮窮窮
卷	책 권	卩(卩)부 · 총8획	책, 굽다	卷頭 권두 / 上卷 상권 / 單卷 단권 / 壓卷 압권	丷丷半关关卷
勸	권할 권	力부 · 총20획	권하다	勸告 권고 / 勸誘 권유 / 勸獎 권장 / 勸酒 권주	丷丷节芇芇苟苟苩萉荨萉觀觀觀勸勸
權	권세 권	木부 · 총22획	권세	權力 권력 / 權勢 권세 / 權益 권익 / 人權 인권	一十才才朾朾朾朾朾栌栌栉桳椲椲椲權權權

殆	위태하다	
위태할 태 歹부 · 총9획	殆半 태반 危殆 위태	

態	모습, 형편	
모양 태 心부 · 총14획	態度 태도 嬌態 교태 世態 세태	

宅	집	
집 택/댁 宀부 · 총6획	宅地 택지 宅配 택배 家宅 가택 宅內 댁내	

澤	은혜, 윤을 내다	
못 택 氵(水)부 · 총16획	德澤 덕택 潤澤 윤택 恩澤 은택 惠澤 혜택	

擇	가리다, 선택하다	
가릴 택 扌(手)부 · 총16획	擇日 택일 揀擇 간택 選擇 선택 採擇 채택	

土	흙	
흙 토 土부 · 총3획	土臺 토대 土俗 토속 土豪 토호 黃土 황토	

吐	토하다	
토할 토 口부 · 총6획	吐露 토로 吐說 토설 嘔吐 구토 實吐 실토	

討	꾸짖다, 다스리다	
칠 토 言부 · 총10획	討論 토론 討議 토의 聲討 성토	

通	통하다, 왕래하다	
통할 통 辶(辵)부 · 총11획	通關 통관 通達 통달 通路 통로 通風 통풍	

統	거느리다, 큰 줄기	
거느릴 통 糸부 · 총12획	統括 통괄 統一 통일 正統 정통 血統 혈통	

痛	아프다	
아플 통 疒부 · 총12획	痛感 통감 痛症 통증 苦痛 고통 哀痛 애통	

券	문서	` ` ` ` ㄠ 半 失 夹 券 券
문서 권 刀부 · 총8획	旅券 여권 證券 증권 債券 채권	

拳	주먹	` ` ` ` ㄠ 半 失 奜 券 券 拳
주먹 권 手부 · 총10획	拳銃 권총 拳鬪 권투 空拳 공권	

厥	그, 그것	ノ 厂 厂 厂 严 厈 屏 屏 屏 厥 厥 厥
그 궐 厂부 · 총12획	厥女 궐녀 厥者 궐자 厥後 궐후	

軌	바퀴자국	一 匚 百 亘 百 亘 車 車 軌
수레바퀴 궤 車부 · 총9획	軌道 궤도 軌間 궤간 軌跡 궤적	

貴	귀하다	丶 口 口 中 虫 串 書 青 青 書 貴 貴
귀할 귀 貝부 · 총12획	貴賓 귀빈 貴人 귀인 貴族 귀족 貴賤 귀천	

歸	돌아가다	丶 ノ ㇆ ㇆ ㇆ ㇆ 阜 阜 阜 歸 歸 歸 歸 歸 歸 歸 歸 歸
돌아갈 귀 止부 · 총18획	歸家 귀가 歸京 귀경 歸農 귀농 歸鄕 귀향	

龜	거북, 트다	ノ ク ㇆ ㇆ ㇆ 龟 龟 龟 龟 龟 龟 龜 龜 龜 龜 龜
거북 귀 /틀 균 龜부 · 총16획	龜鑑 귀감 龜甲 귀갑 龜頭 귀두 龜裂 균열	

鬼	귀신	丶 ノ 白 白 白 甶 鬼 鬼 鬼 鬼
귀신 귀 鬼부 · 총10획	鬼神 귀신 鬼才 귀재 惡鬼 악귀	

叫	부르짖다	丨 ㄇ ㅁ 叫 叫
부르짖을 규 口부 · 총5획	叫聲 규성 絶叫 절규 阿鼻叫喚 아비규환	

規	법, 규칙	一 二 夫 夫 刲 刲 刲 刲 規 規 規
법 규 見부 · 총11획	規格 규격 規模 규모 規定 규정 規則 규칙	

糾	얽히다	丶 纟 纟 纟 糸 糸 糸 糾 糾
얽힐 규 糸부 · 총8획	糾明 규명 糾彈 규탄 糾合 규합	

彈
탄알 탄
弓부 · 총15획

탄알
彈力 탄력
彈奏 탄주
銃彈 총탄
爆彈 폭탄

誕
태어날 탄
言부 · 총14획

태어나다
誕生 탄생
誕辰 탄신
誕日鐘 탄일종
聖誕節 성탄절

脫
벗을 탈
月(肉)부 · 총11획

벗다
脫稿 탈고
脫線 탈선
離脫 이탈

奪
빼앗을 탈
大부 · 총14획

빼앗다
奪取 탈취
劫奪 겁탈
爭奪 쟁탈

探
찾을 탐
扌(手)부 · 총11획

찾다, 정탐하다
探究 탐구
探問 탐문
探索 탐색
廉探 염탐

貪
탐할 탐
貝부 · 총11획

탐하다
貪官 탐관
貪心 탐심
貪慾 탐욕

塔
탑 탑
土부 · 총13획

탑
塔身 탑신
塔尖 탑첨
佛塔 불탑
石塔 석탑

湯
끓일 탕
氵(水)부 · 총12획

끓인 물
湯器 탕기
冷湯 냉탕
溫湯 온탕
浴湯 욕탕

太
클 태
大부 · 총4획

크다
太白 태백
太極旗 태극기
太平聖代 태평성대

泰
클 태
水부 · 총10획

크다, 편안하다
泰然 태연
泰平 태평
泰然自若 태연자약

怠
게으를 태
心부 · 총9획

게으르다
怠慢 태만
倦怠 권태
懶怠 나태

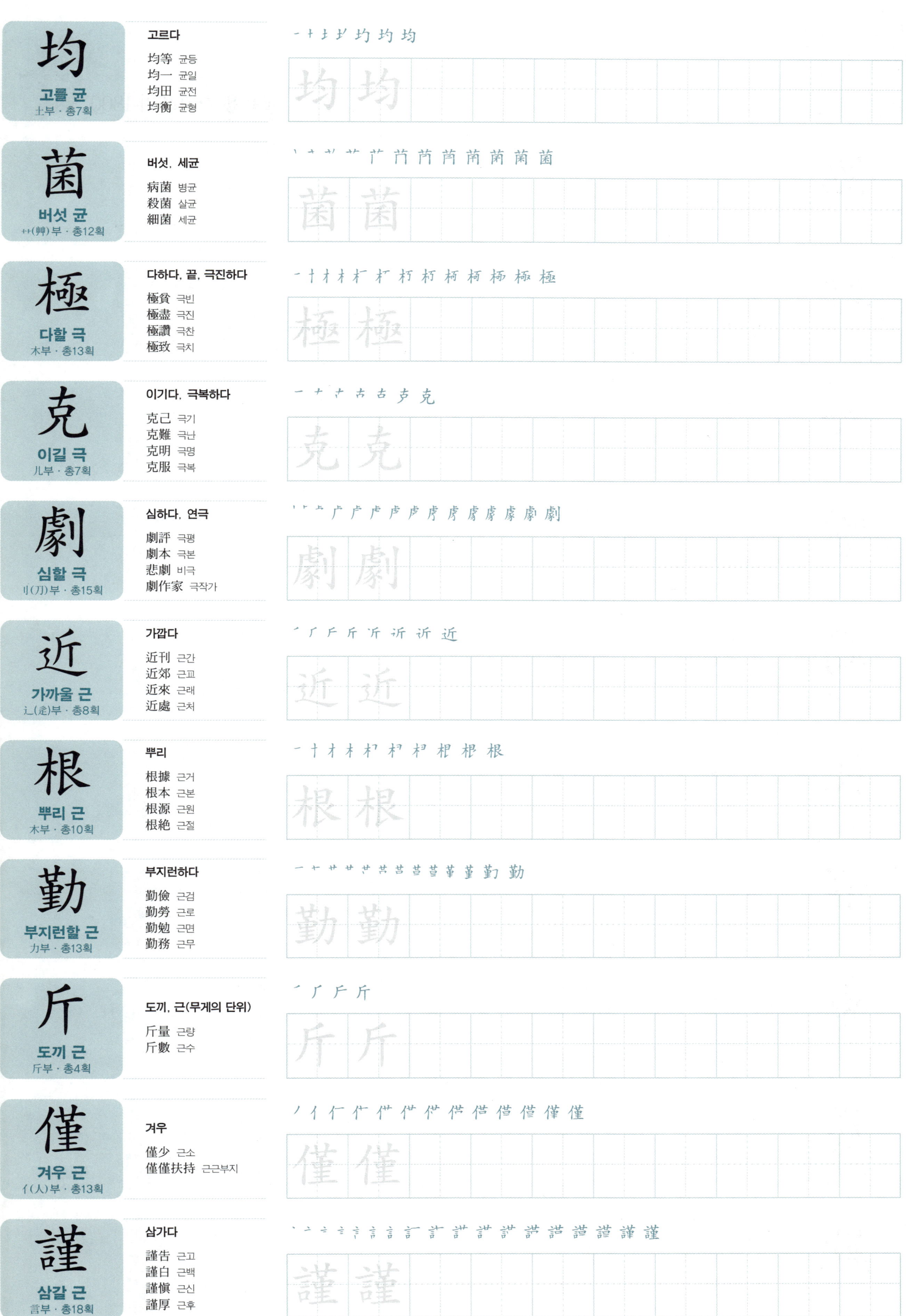

한자	훈음	한자어	쓰기순서

均 고를 균 / 土부·총7획
고르다
均等 균등
均一 균일
均田 균전
均衡 균형

菌 버섯 균 / ++(艸)부·총12획
버섯, 세균
病菌 병균
殺菌 살균
細菌 세균

極 다할 극 / 木부·총13획
다하다, 끝, 극진하다
極貧 극빈
極盡 극진
極讚 극찬
極致 극치

克 이길 극 / 儿부·총7획
이기다, 극복하다
克己 극기
克難 극난
克明 극명
克服 극복

劇 심할 극 / ㅣ(刀)부·총15획
심하다, 연극
劇評 극평
劇本 극본
悲劇 비극
劇作家 극작가

近 가까울 근 / 辶(辵)부·총8획
가깝다
近刊 근간
近郊 근교
近來 근래
近處 근처

根 뿌리 근 / 木부·총10획
뿌리
根據 근거
根本 근본
根源 근원
根絕 근절

勤 부지런할 근 / 力부·총13획
부지런하다
勤儉 근검
勤勞 근로
勤勉 근면
勤務 근무

斤 도끼 근 / 斤부·총4획
도끼, 근(무게의 단위)
斤量 근량
斤數 근수

僅 겨우 근 / 亻(人)부·총13획
겨우
僅少 근소
僅僅扶持 근근부지

謹 삼갈 근 / 言부·총18획
삼가다
謹告 근고
謹白 근백
謹愼 근신
謹厚 근후

他	다른, 다른 것	ノ イ 彳 他 他
다를 타 亻(人)부 · 총5획	他界 타계 他殺 타살 他人 타인 他鄕 타향	他 他

打	치다	一 扌 扌 打
칠 타 扌(手)부 · 총5획	打擊 타격 打球 타구 打倒 타도 亂打 난타	打 打

妥	타당하다	一 ⺥ ⺥ 臼 妥 妥 妥
온당할 타 女부 · 총7획	妥結 타결 妥當 타당 妥協 타협	妥 妥

墮	떨어지다, 빠지다	⻖ 隋 墮
떨어질 타 土부 · 총15획	墮落 타락 墮獄 타옥 墮罪 타죄	墮 墮

濁	흐리다	氵 濁
흐릴 탁 氵(水)부 · 총16획	濁流 탁류 濁音 탁음 濁酒 탁주 混濁 혼탁	濁 濁

托	밀다, 받침	一 扌 扌 托 托
밀 탁 扌(手)부 · 총6획	托盤 탁반 托鉢 탁발	托 托

濯	씻다	氵 濯
씻을 탁 氵(水)부 · 총17획	濯足 탁족 洗濯 세탁	濯 濯

卓	높다, 뛰어나다	丨 卜 占 卓 卓
높을 탁 十부 · 총8획	卓球 탁구 卓越 탁월 卓上空論 탁상공론	卓 卓

炭	숯	山 炭 炭
숯 탄 火부 · 총9획	炭鑛 탄광 炭素 탄소 石炭 석탄	炭 炭

歎	탄식하다	一 艹 莫 歎 歎
탄식할 탄 欠부 · 총15획	歎息 탄식 感歎 감탄 恨歎 한탄	歎 歎

今	이제 금 / 人부 · 총4획	이제	今年 금년 / 今週 금주 / 今始初聞 금시초문
禁	금할 금 / 示부 · 총13획	금하다	禁忌 금기 / 禁書 금서 / 禁煙 금연 / 禁慾 금욕
金	쇠 금/성 김 / 金부 · 총8획	쇠, 성(姓)의 하나	金庫 금고 / 金冠 금관 / 金額 금액 / 金錢 금전
錦	비단 금 / 金부 · 총16획	비단	錦繡江山 금수강산 / 錦衣還鄉 금의환향
禽	날짐승 금 / 內부 · 총12획	짐승	禽獸 금수 / 禽鳥 금조 / 夜禽 야금
琴	거문고 금 / 王(玉)부 · 총12획	거문고	大琴 대금 / 彈琴 탄금
及	미칠 급 / 又부 · 총4획	미치다, 다다르다	普及 보급 / 言及 언급 / 後悔莫及 후회막급
急	급할 급 / 心부 · 총9획	급하다, 중요하다	急減 급감 / 急激 급격 / 急流 급류 / 急所 급소
給	줄 급 / 糸부 · 총12획	주다	給水 급수 / 給食 급식 / 供給 공급 / 配給 배급
級	등급 급 / 糸부 · 총10획	등급, 계급	級友 급우 / 階級 계급 / 等級 등급 / 進級 진급
肯	긍정할 긍 / 月(肉)부 · 총8획	긍정하다	肯諾 긍낙 / 肯定 긍정 / 首肯 수긍

親 **친할 친** 見부 · 총16획	천하다, 어버이 親權 친권 親密 친밀 親熟 친숙 親戚 친척	亠 亠 亠 产 亲 亲 新 新 親 親 親 親
七 **일곱 칠** 一부 · 총2획	일곱, 7 七寶 칠보 七夕 칠석 七旬 칠순 七面鳥 칠면조	一 七
漆 **옻 칠** 氵(水)부 · 총14획	옻칠하다 漆器 칠기 漆黑 칠흑	丶 丶 氵 氵 汁 泮 泮 沙 浹 漆 漆 漆 漆 漆
針 **바늘 침** 金부 · 총10획	바늘, 바느질하다 針術 침술 毒針 독침 羅針盤 나침반	丿 𠂉 𠂊 𠂆 牟 牟 釒 金 針 針
侵 **침노할 침** 亻(人)부 · 총9획	침노하다, 범하다, 습격하다 侵略 침략 侵入 침입 侵害 침해	丿 亻 亻 伊 伊 伊 侵 侵 侵
浸 **담글 침** 氵(水)부 · 총10획	잠기다, 스며들다 浸水 침수 浸蝕 침식 浸透 침투	丶 丶 氵 氵 浔 浔 浔 浸 浸 浸
寢 **잠잘 침** 宀부 · 총14획	잠자다 寢具 침구 寢臺 침대 寢室 침실 就寢 취침	丶 丶 宀 宀 宀 宀 寍 寍 寍 寍 寝 寢
沈 **가라앉을 침** 氵(水)부 · 총7획	가라앉다, 빠지다 沈沒 침몰 沈默 침묵 沈澱 침전 沈滯 침체	丶 丶 氵 氵 沪 沙 沈
枕 **베개 침** 木부 · 총8획	베개 木枕 목침	一 十 才 木 朾 朾 枕 枕
稱 **일컬을 칭** 禾부 · 총14획	일컫다, 칭하다 稱頌 칭송 稱讚 칭찬 稱號 칭호 名稱 명칭	丶 二 千 禾 禾 禾 秤 秤 稍 稱 稱 稱
快 **쾌할 쾌** 忄(心)부 · 총7획	시원하다, 기분이 좋다 快擧 쾌거 快樂 쾌락 快適 쾌적 輕快 경쾌	丶 丷 忄 忄 忙 快 快

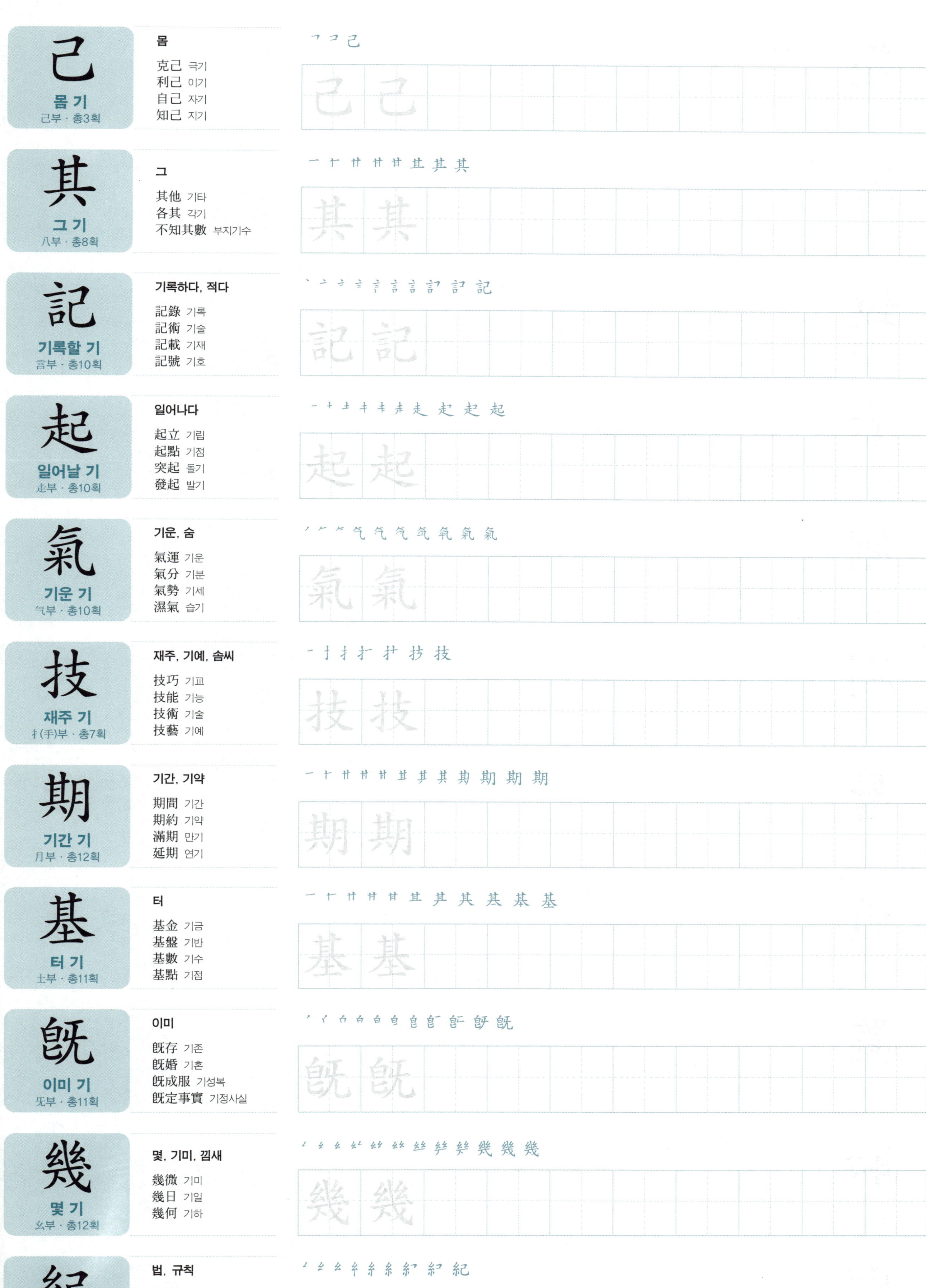

己	몸		
몸 기	克己 극기		
己부 · 총3획	利己 이기		
	自己 자기		
	知己 지기		

其	그		
그 기	其他 기타		
八부 · 총8획	各其 각기		
	不知其數 부지기수		

記	기록하다, 적다		
기록할 기	記錄 기록		
言부 · 총10획	記術 기술		
	記載 기재		
	記號 기호		

起	일어나다		
일어날 기	起立 기립		
走부 · 총10획	起點 기점		
	突起 돌기		
	發起 발기		

氣	기운, 숨		
기운 기	氣運 기운		
气부 · 총10획	氣分 기분		
	氣勢 기세		
	濕氣 습기		

技	재주, 기예, 솜씨		
재주 기	技巧 기교		
扌(手)부 · 총7획	技能 기능		
	技術 기술		
	技藝 기예		

期	기간, 기약		
기간 기	期間 기간		
月부 · 총12획	期約 기약		
	滿期 만기		
	延期 연기		

基	터		
터 기	基金 기금		
土부 · 총11획	基盤 기반		
	基數 기수		
	基點 기점		

旣	이미		
이미 기	旣存 기존		
旡부 · 총11획	旣婚 기혼		
	旣成服 기성복		
	旣定事實 기정사실		

幾	몇, 기미, 낌새		
몇 기	幾微 기미		
幺부 · 총12획	幾日 기일		
	幾何 기하		

紀	법, 규칙		
벼리 기	紀綱 기강		
糸부 · 총9획	紀念 기념		
	紀律 기율		
	軍紀 군기		

趣 달릴 취 走부 · 총15획	향하다, 달리다, 뜻 趣味 취미 趣旨 취지 趣向 취향 風趣 풍취
治 다스릴 치 氵(水)부 · 총8획	다스리다 治安 치안 治績 치적 自治 자치 主治醫 주치의
致 이를 치 至부 · 총10획	이르다, 도달하다, 운치 致辭 치사 景致 경치 一致 일치 韻致 운치
齒 이 치 齒부 · 총15획	이, 치아 齒科 치과 齒牙 치아 齒痛 치통 蟲齒 충치
側 곁 측 亻(人)부 · 총11획	곁, 옆 側近 측근 側面 측면 兩側 양측 左側 좌측
測 측량할 측 氵(水)부 · 총12획	측량하다, 추측하다 測量 측량 測定 측정 豫測 예측 推測 추측
層 층 층 尸부 · 총15획	층, 계단 層階 층계 層數 층수 高層 고층 單層 단층
値 값 치 亻(人)부 · 총10획	가치, 가격 價値 가치 數値 수치
置 둘 치 罒(网)부 · 총13획	두다, 설치하다 置重 치중 位置 위치 設置 설치
恥 부끄러워할 치 心부 · 총10획	부끄러워하다, 욕보이다 恥部 치부 恥辱 치욕 羞恥 수치 廉恥 염치
則 법칙 칙/곧 즉 刂(刀)부 · 총9획	법칙, 곧 罰則 벌칙 原則 원칙 貧則多事 빈즉다사

忌 꺼릴 기 心부·총7획	꺼리다	忌日 기일 忌祭 기제 忌憚 기탄 忌避 기피
旗 기 기 方부·총14획	깃발	旗手 기수 旗章 기장 旗幟 기치 旗號 기호
欺 속일 기 欠부·총12획	속이다	欺瞞 기만 欺罔 기망 欺心 기심 詐欺 사기
奇 기이할 기 大부·총8획	기이하다, 기묘하다	奇巧 기교 奇妙 기묘 奇巖 기암 神奇 신기
騎 말탈 기 馬부·총18획	말을 타다, 기병	騎馬 기마 騎兵 기병 騎士 기사 騎虎之勢 기호지세
寄 부칠 기 宀부·총11획	부치다, 주다	寄與 기여 寄稿 기고 寄附 기부 寄贈 기증
豈 어찌 기 豆부·총10획	어찌	豈敢 기감 豈不 기불
棄 버릴 기 木부·총11획	버리다, 포기하다	棄却 기각 棄權 기권 廢棄 폐기 抛棄 포기
祈 빌 기 示부·총9획	빌다, 기원하다	祈求 기구 祈念 기념 祈禱 기도 祈願 기원
企 꾀할 기 人부·총6획	꾀하다	企業 기업 企劃 기획
畿 경기 기 田부·총15획	지경의 이름, 기내	畿內 기내 京畿 경기

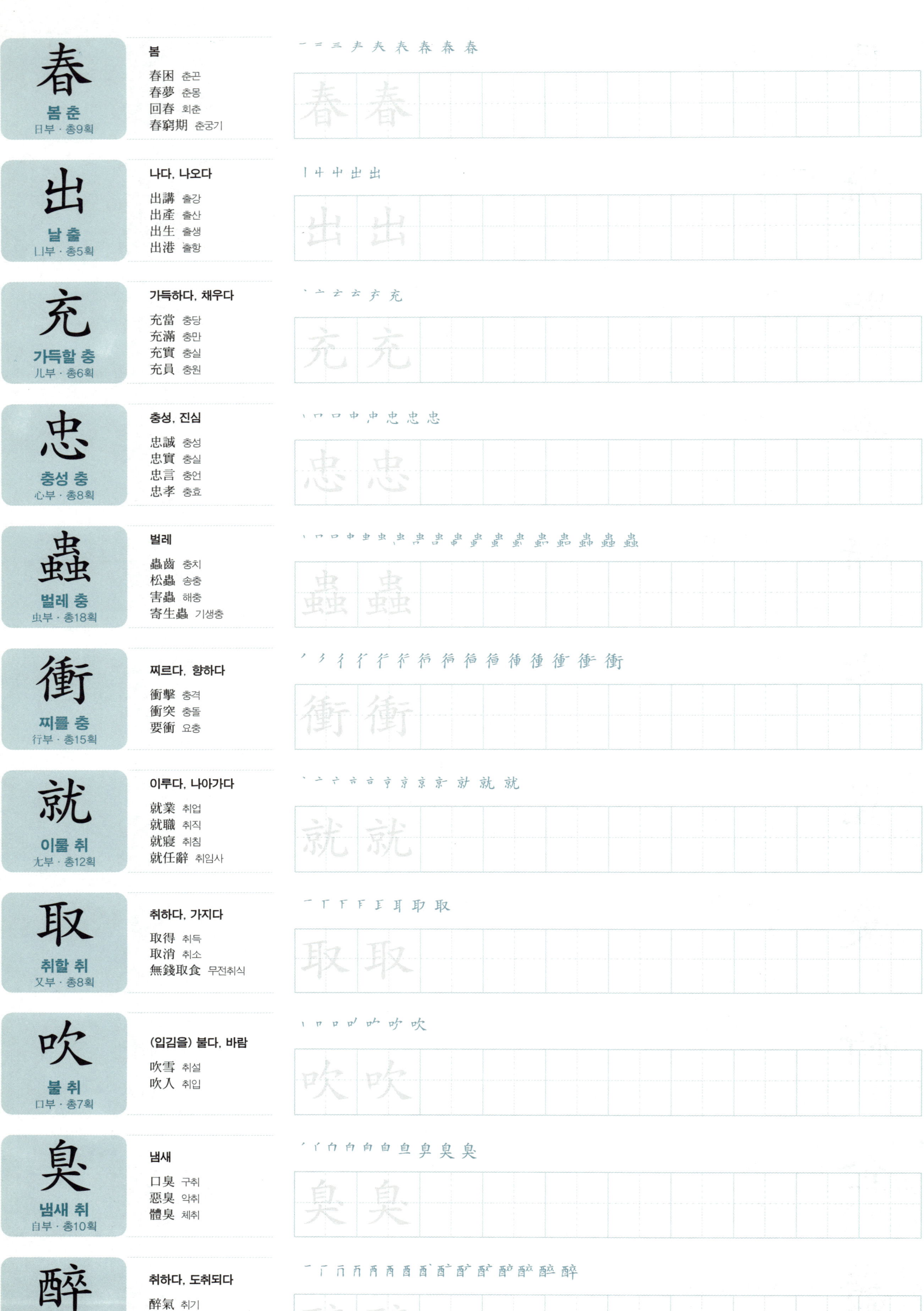

春 봄 춘 日부 · 총9획	봄 春困 춘곤 春夢 춘몽 回春 회춘 春窮期 춘궁기	一 二 三 声 夫 表 春 春 春
出 날 출 凵부 · 총5획	나다, 나오다 出講 출강 出産 출산 出生 출생 出港 출항	丨 屮 屮 出 出
充 가득할 충 儿부 · 총6획	가득하다, 채우다 充當 충당 充滿 충만 充實 충실 充員 충원	丶 亠 云 云 亍 充
忠 충성 충 心부 · 총8획	충성, 진심 忠誠 충성 忠實 충실 忠言 충언 忠孝 충효	丨 口 口 中 史 忠 忠 忠
蟲 벌레 충 虫부 · 총18획	벌레 蟲齒 충치 松蟲 송충 害蟲 해충 寄生蟲 기생충	丨 口 口 中 虫 虫 虫 虫 虫 虫 虫 虫 蟲 蟲 蟲 蟲 蟲
衝 찌를 충 行부 · 총15획	찌르다, 향하다 衝擊 충격 衝突 충돌 要衝 요충	丿 彳 彳 彳 彳 衎 衎 衎 徟 徟 徟 衝 衝 衝
就 이룰 취 尢부 · 총12획	이루다, 나아가다 就業 취업 就職 취직 就寢 취침 就任辭 취임사	丶 亠 亠 亠 古 京 京 京 京 就 就
取 취할 취 又부 · 총8획	취하다, 가지다 取得 취득 取消 취소 無錢取食 무전취식	一 丁 F F 耳 耳 取 取
吹 불 취 口부 · 총7획	(입김을) 불다, 바람 吹雪 취설 吹入 취입	丨 口 口 吖 吖 吹 吹
臭 냄새 취 自부 · 총10획	냄새 口臭 구취 惡臭 악취 體臭 체취	丿 亻 自 自 自 皇 臭 臭 臭 臭
醉 취할 취 酉부 · 총15획	취하다, 도취되다 醉氣 취기 陶醉 도취 心醉 심취	一 厂 币 丙 丙 酉 酉 酉 酉 酉 酉 醉 醉 醉 醉

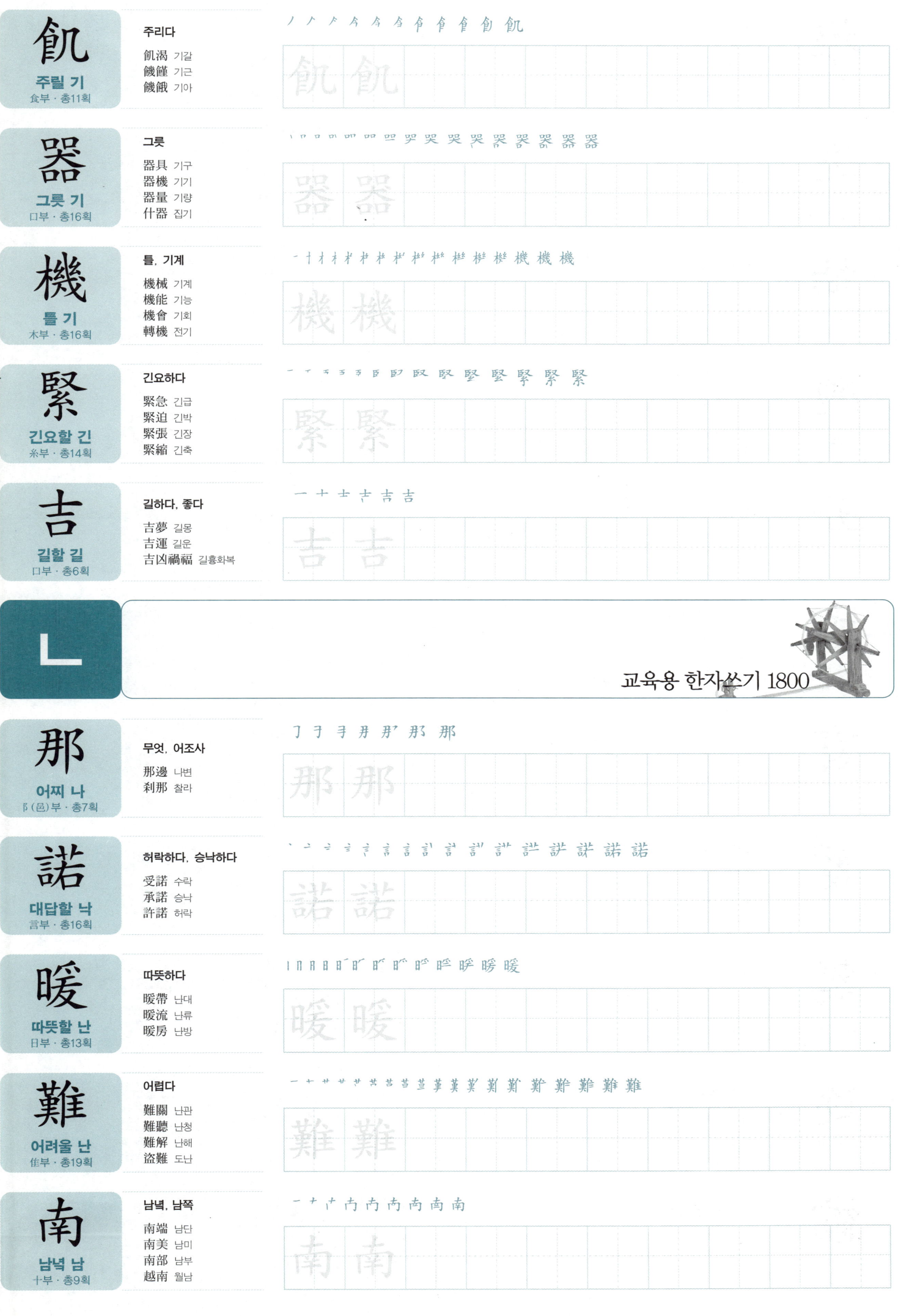

飢 주릴 기 食부 · 총11획	주리다 飢渴 기갈 饑饉 기근 饑餓 기아
器 그릇 기 口부 · 총16획	그릇 器具 기구 器機 기기 器量 기량 什器 집기
機 틀 기 木부 · 총16획	틀, 기계 機械 기계 機能 기능 機會 기회 轉機 전기
緊 긴요할 긴 糸부 · 총14획	긴요하다 緊急 긴급 緊迫 긴박 緊張 긴장 緊縮 긴축
吉 길할 길 口부 · 총6획	길하다, 좋다 吉夢 길몽 吉運 길운 吉凶禍福 길흉화복

ㄴ

교육용 한자쓰기 1800

那 어찌 나 阝(邑)부 · 총7획	무엇, 어조사 那邊 나변 刹那 찰라
諾 대답할 낙 言부 · 총16획	허락하다, 승낙하다 受諾 수락 承諾 승낙 許諾 허락
暖 따뜻할 난 日부 · 총13획	따뜻하다 暖帶 난대 暖流 난류 暖房 난방
難 어려울 난 隹부 · 총19획	어렵다 難關 난관 難聽 난청 難解 난해 盜難 도난
南 남녘 남 十부 · 총9획	남녘, 남쪽 南端 남단 南美 남미 南部 남부 越南 월남

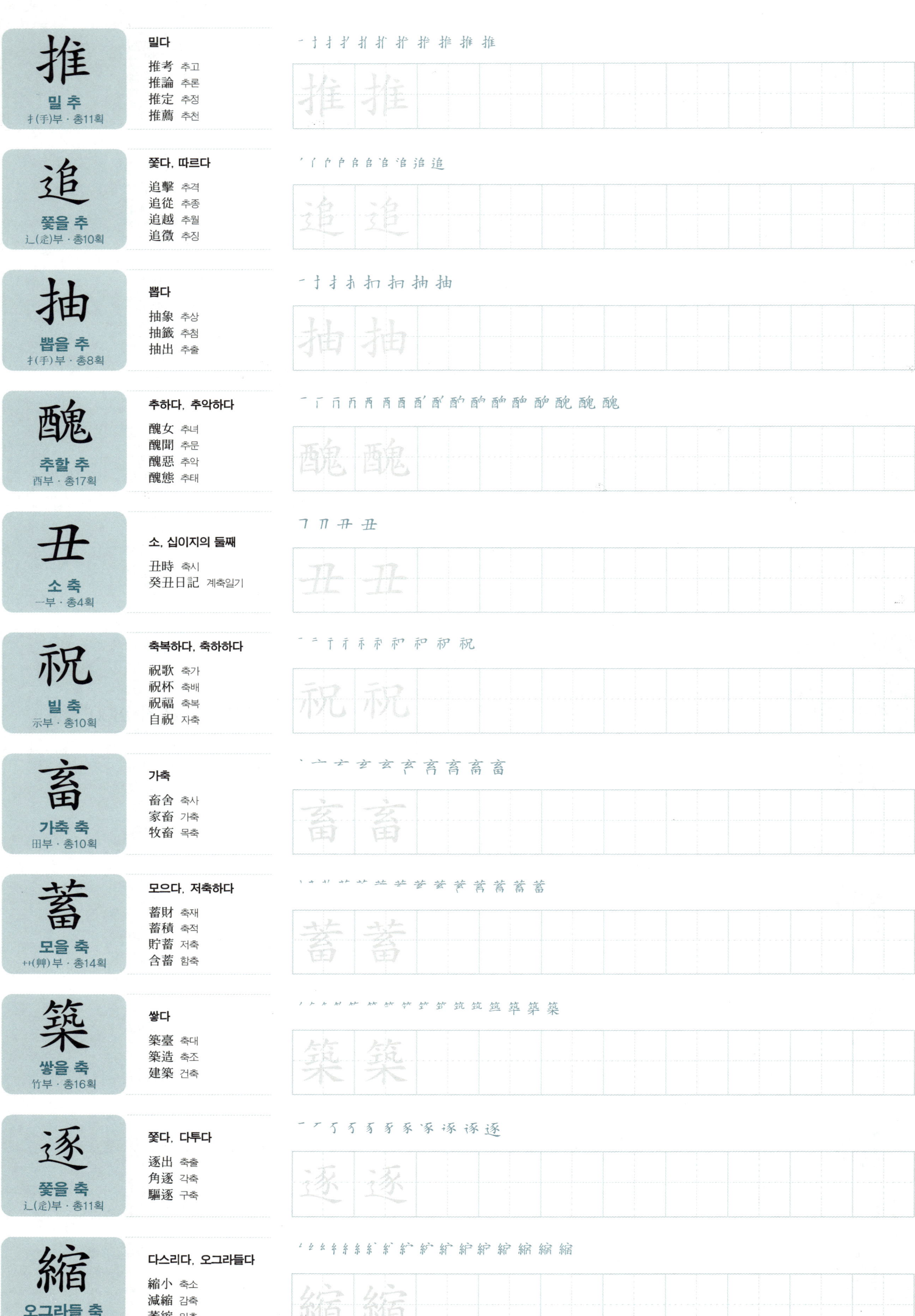

推	밀다		
밀 추	推考 추고	推論 추론	
扌(手)부 · 총11획	推定 추정	推薦 추천	

追	쫓다, 따르다		
쫓을 추	追擊 추격	追從 추종	
辶(辵)부 · 총10획	追越 추월	追徵 추징	

抽	뽑다		
뽑을 추	抽象 추상	抽籤 추첨	
扌(手)부 · 총8획	抽出 추출		

醜	추하다, 추악하다		
추할 추	醜女 추녀	醜聞 추문	
酉부 · 총17획	醜惡 추악	醜態 추태	

丑	소, 십이지의 둘째		
소 축	丑時 축시		
一부 · 총4획	癸丑日記 계축일기		

祝	축복하다, 축하하다		
빌 축	祝歌 축가	祝杯 축배	
示부 · 총10획	祝福 축복	自祝 자축	

畜	가축		
가축 축	畜舍 축사	家畜 가축	
田부 · 총10획	牧畜 목축		

蓄	모으다, 저축하다		
모을 축	蓄財 축재	蓄積 축적	
⺿(艸)부 · 총14획	貯蓄 저축	含蓄 함축	

築	쌓다		
쌓을 축	築臺 축대	築造 축조	
竹부 · 총16획	建築 건축		

逐	쫓다, 다투다		
쫓을 축	逐出 축출	角逐 각축	
辶(辵)부 · 총11획	驅逐 구축		

縮	다스리다, 오그라들다		
오그라들 축	縮小 축소	減縮 감축	
糸부 · 총17획	萎縮 위축		

男	사내	一 ㄇ ㄇ 田 田 甼 男
사내 남 田부 · 총7획	男妹 남매 男兒 남아 男優 남우 男便 남편	男 男

納	바치다, 납부하다	ㄑ ㄑ ㄠ ㄠ 糸 糸 約 紏 納 納
바칠 납 糸부 · 총10획	納期 납기 納付 납부 納稅 납세 納品 납품	納 納

娘	아가씨	ㄑ ㄑ 女 女 女 娘 娘 娘 娘 娘
아가씨 낭 女부 · 총10획	娘子 낭자 娘子軍 낭자군	娘 娘

乃	이에	ノ 乃
이에 내 丿부 · 총2획	乃子 내자 人乃天 인내천	乃 乃

內	안	丨 ㄇ 内 内
안 내 入부 · 총4획	內勤 내근 內亂 내란 內緣 내연 內港 내항	內 內

奈	어찌, 나락	一 ナ 大 太 杰 李 奈 奈
어찌 내 大부 · 총8획	奈落 나락 莫無可奈 막무가내	奈 奈

耐	견디다, 인내하다	一 ㄱ 厂 丙 而 而 耐 耐
견딜 내 而부 · 총9획	忍耐 인내 耐久性 내구성	耐 耐

女	계집	ㄑ 女 女
계집 녀 女부 · 총3획	女傑 여걸 女警 여경 女性 여성 仙女 선녀	女 女

年	해, 나이	ノ ㅗ ㅛ ㄵ 三 年
해 년 干부 · 총6획	年鑑 연감 年金 연금 年俸 연봉 送年 송년	年 年

念	생각	ノ 人 人 今 今 念 念 念
생각 념 心부 · 총8획	念佛 염불 觀念 관념 默念 묵념 雜念 잡념	念 念

寧	편안하다	丶 ㄧ 宀 宀 宀 宓 宓 宓 寍 富 富 寕 寧 寧
편안할 녕 宀부 · 총14획	康寧 강녕 安寧 안녕	寧 寧

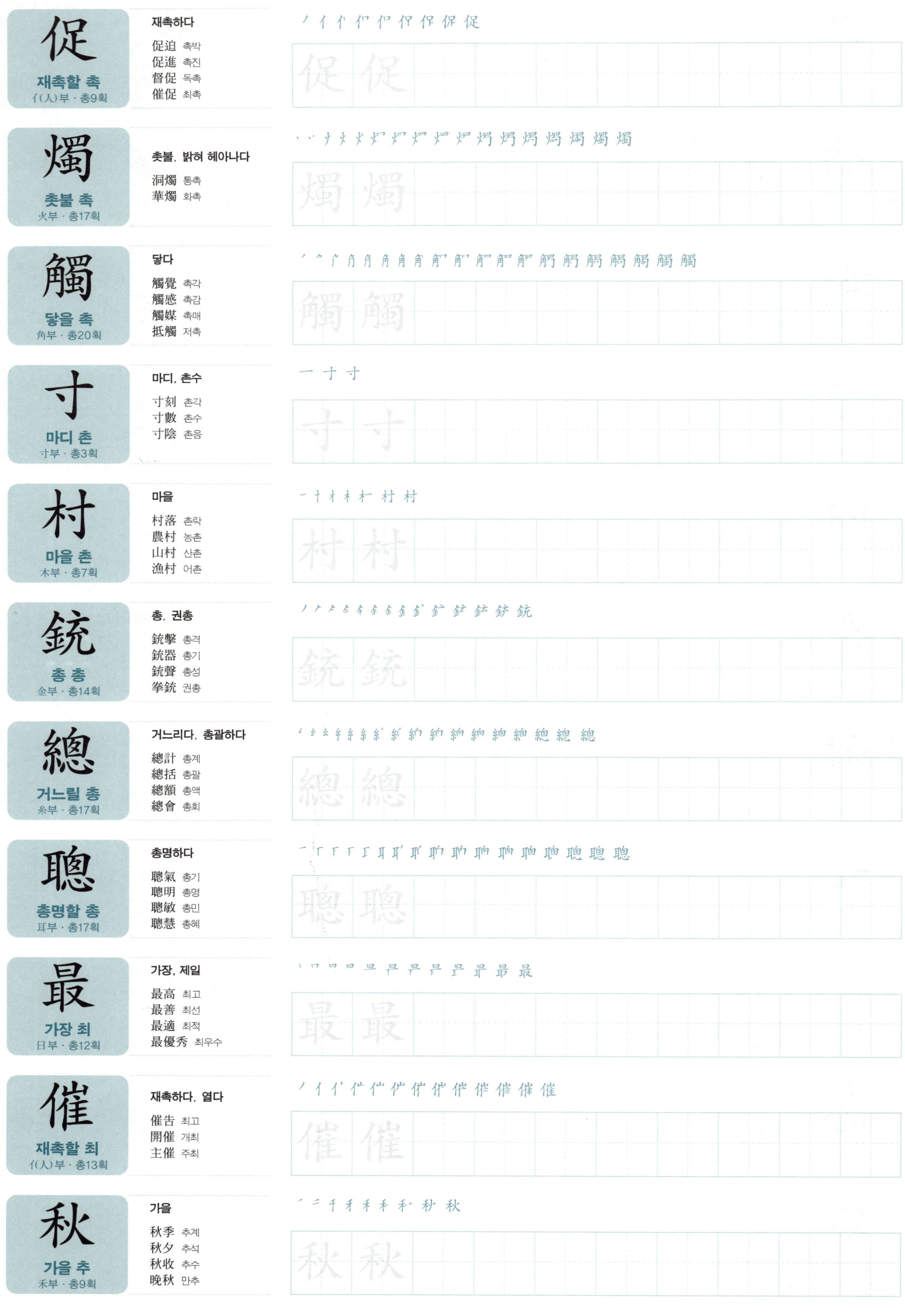

促 재촉할 촉 / 亻(人)부 · 총9획	재촉하다	促迫 촉박 促進 촉진 督促 독촉 催促 최촉
燭 촛불 촉 / 火부 · 총17획	촛불, 밝혀 헤아리다	洞燭 통촉 華燭 화촉
觸 닿을 촉 / 角부 · 총20획	닿다	觸覺 촉각 觸感 촉감 觸媒 촉매 抵觸 저촉
寸 마디 촌 / 寸부 · 총3획	마디, 촌수	寸刻 촌각 寸數 촌수 寸陰 촌음
村 마을 촌 / 木부 · 총7획	마을	村落 촌락 農村 농촌 山村 산촌 漁村 어촌
銃 총 총 / 金부 · 총14획	총, 권총	銃擊 총격 銃器 총기 銃聲 총성 拳銃 권총
總 거느릴 총 / 糸부 · 총17획	거느리다, 총괄하다	總計 총계 總括 총괄 總額 총액 總會 총회
聰 총명할 총 / 耳부 · 총17획	총명하다	聰氣 총기 聰明 총명 聰敏 총민 聰慧 총혜
最 가장 최 / 日부 · 총12획	가장, 제일	最高 최고 最善 최선 最適 최적 最優秀 최우수
催 재촉할 최 / 亻(人)부 · 총13획	재촉하다, 열다	催告 최고 開催 개최 主催 주최
秋 가을 추 / 禾부 · 총9획	가을	秋季 추계 秋夕 추석 秋收 추수 晚秋 만추

怒 성낼 노 心부 · 총9획	성내다, 화내다 怒號 노호 激怒 격노 怒發大發 노발대발	ㄴ ㄴ ㅅ ㅅ女 奴 奴 怒 怒 怒
奴 종 노 女부 · 총5획	종, 노비 奴僕 노복 奴婢 노비 奴隷 노예	ㄴ ㄴ ㅅ 女 奴
努 힘쓸 노 力부 · 총7획	힘쓰다 努力 노력 努肉 노육	ㄴ ㄴ ㅅ 女 奴 努 努
農 농사 농 辰부 · 총13획	농사 農耕 농경 農藥 농약 農場 농장 離農 이농	丨 口 曰 曲 曲 曲 農 農 農 農 農 農 農
腦 뇌 뇌 月(肉)부 · 총13획	뇌 腦卒中 뇌졸중 腦波 뇌파 頭腦 두뇌 洗腦 세뇌	丿 月 月 月 肜 肜 腦 腦 腦 腦 腦
惱 괴로워할 뇌 忄(心)부 · 총12획	괴로워하다 苦惱 고뇌 煩惱 번뇌 心惱 심뇌	丶 忄 忄 忄 惱 惱 惱 惱 惱
能 능할 능 月(肉)부 · 총10획	능하다, 능력 能力 능력 能率 능률 能熟 능숙 萬能 만능	ㄴ ㅅ 介 育 育 育 能 能 能
泥 진흙 니 氵(水)부 · 총8획	진흙 泥路 이로 泥沼 이소 泥土 이토	丶 丶 氵 汀 沪 沪 泥 泥

ㄷ

교육용 한자쓰기 1800

| 多 많을 다
夕부 · 총6획 | 많다
多讀 다독
多樣 다양
高溫多濕 고온다습 | 丿 ㄅ 夕 夕 多 多 |
| 茶 차 다/차
艹(艸)부 · 총10획 | 차
茶菓 다과
茶房 다방
茶園 다원
綠茶 녹차 | 丶 丶 丱 丱 芀 茐 苃 茶 茶 茶 |

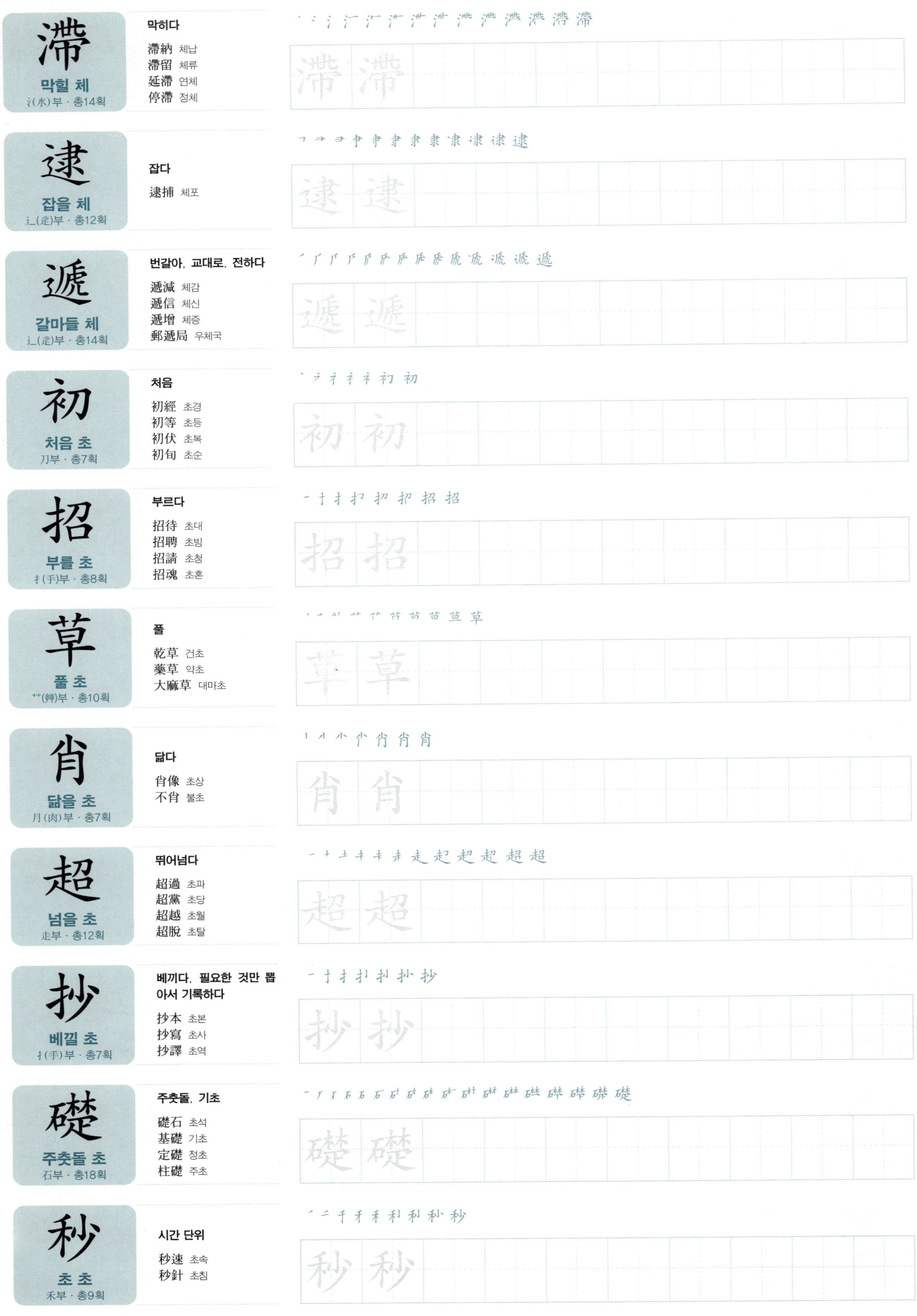

| 滯 | 막히다 | 滯納 체납 / 滯留 체류 / 延滯 연체 / 停滯 정체 |
| 막힐 체 — 氵(水)부 · 총14획 | | |

| 逮 | 잡다 | 逮捕 체포 |
| 잡을 체 — 辶(辵)부 · 총12획 | | |

| 遞 | 번갈아, 교대로, 전하다 | 遞減 체감 / 遞信 체신 / 遞增 체증 / 郵遞局 우체국 |
| 갈마들 체 — 辶(辵)부 · 총14획 | | |

| 初 | 처음 | 初經 초경 / 初等 초등 / 初伏 초복 / 初旬 초순 |
| 처음 초 — 刀부 · 총7획 | | |

| 招 | 부르다 | 招待 초대 / 招聘 초빙 / 招請 초청 / 招魂 초혼 |
| 부를 초 — 扌(手)부 · 총8획 | | |

| 草 | 풀 | 乾草 건초 / 藥草 약초 / 大麻草 대마초 |
| 풀 초 — ⺾(艸)부 · 총10획 | | |

| 肖 | 닮다 | 肖像 초상 / 不肖 불초 |
| 닮을 초 — 月(肉)부 · 총7획 | | |

| 超 | 뛰어넘다 | 超過 초과 / 超黨 초당 / 超越 초월 / 超脫 초탈 |
| 넘을 초 — 走부 · 총12획 | | |

| 抄 | 베끼다, 필요한 것만 뽑아서 기록하다 | 抄本 초본 / 抄寫 초사 / 抄譯 초역 |
| 베낄 초 — 扌(手)부 · 총7획 | | |

| 礎 | 주춧돌, 기초 | 礎石 초석 / 基礎 기초 / 定礎 정초 / 柱礎 주초 |
| 주춧돌 초 — 石부 · 총18획 | | |

| 秒 | 시간 단위 | 秒速 초속 / 秒針 초침 |
| 초 초 — 禾부 · 총9획 | | |

丹	붉다	ノ 几 月 丹
붉을 단 ヽ부 · 총4획	丹楓 단풍 丹粧 단장 牧丹 목단	丹 丹

但	다만, 단지	ノ 亻 亻 但 但 但 但
다만 단 亻(人)부 · 총7획	但只 단지 但書 단서	但 但

短	짧다, 단점	ノ ト ⼂ 乍 矢 矢 矢 知 知 短 短 短
짧을 단 矢부 · 총12획	短歌 단가 短命 단명 短點 단점 短縮 단축	短 短

端	단정하다, 끝	ヽ 亠 立 立 如 如 如 如 端 端 端
단정할 단 立부 · 총14획	端緒 단서 端雅 단아 端午 단오 端裝 단장	端 端

單	홀, 외롭다	ヽ 甲 甲 甲 胃 胃 胃 單 單 單 單 單
홀 단 口부 · 총12획	單獨 단독 單刀直入 단도직입	單 單

旦	아침	ヽ 冂 日 日 旦
아침 단 日부 · 총5획	旦暮 단모 旦夕 단석 元旦 원단 一旦 일단	旦 旦

段	구분, 층, 방법	ノ ⻗ 乍 乍 乍 郎 郎 段 段
구분 단 殳부 · 총9획	段階 단계 段落 단락 手段 수단 特段 특단	段 段

壇	단, 장소	一 十 扌 圹 圹 圹 垆 垆 垆 壇 壇 壇 壇 壇
단 단 土부 · 총16획	講壇 강단 登壇 등단 文壇 문단 花壇 화단	壇 壇

檀	박달나무	一 十 才 木 杧 栌 栌 栌 栌 檀 檀 檀 檀 檀 檀
박달나무 단 木부 · 총17획	檀君 단군 檀紀 단기 檀木 단목 檀香 단향	檀 檀

斷	끊다	ヽ 乚 幺 糸 糸 糸 絲 絲 絲 斷 斷 斷 斷 斷
끊을 단 斤부 · 총18획	斷絶 단절 斷定 단정 斷乎 단호 決斷 결단	斷 斷

團	집회, 모이다	丨 冂 冂 冃 冃 围 同 同 同 團 團 團 團 團
둥글 단 口부 · 총14획	團結 단결 團體 단체 球團 구단	團 團

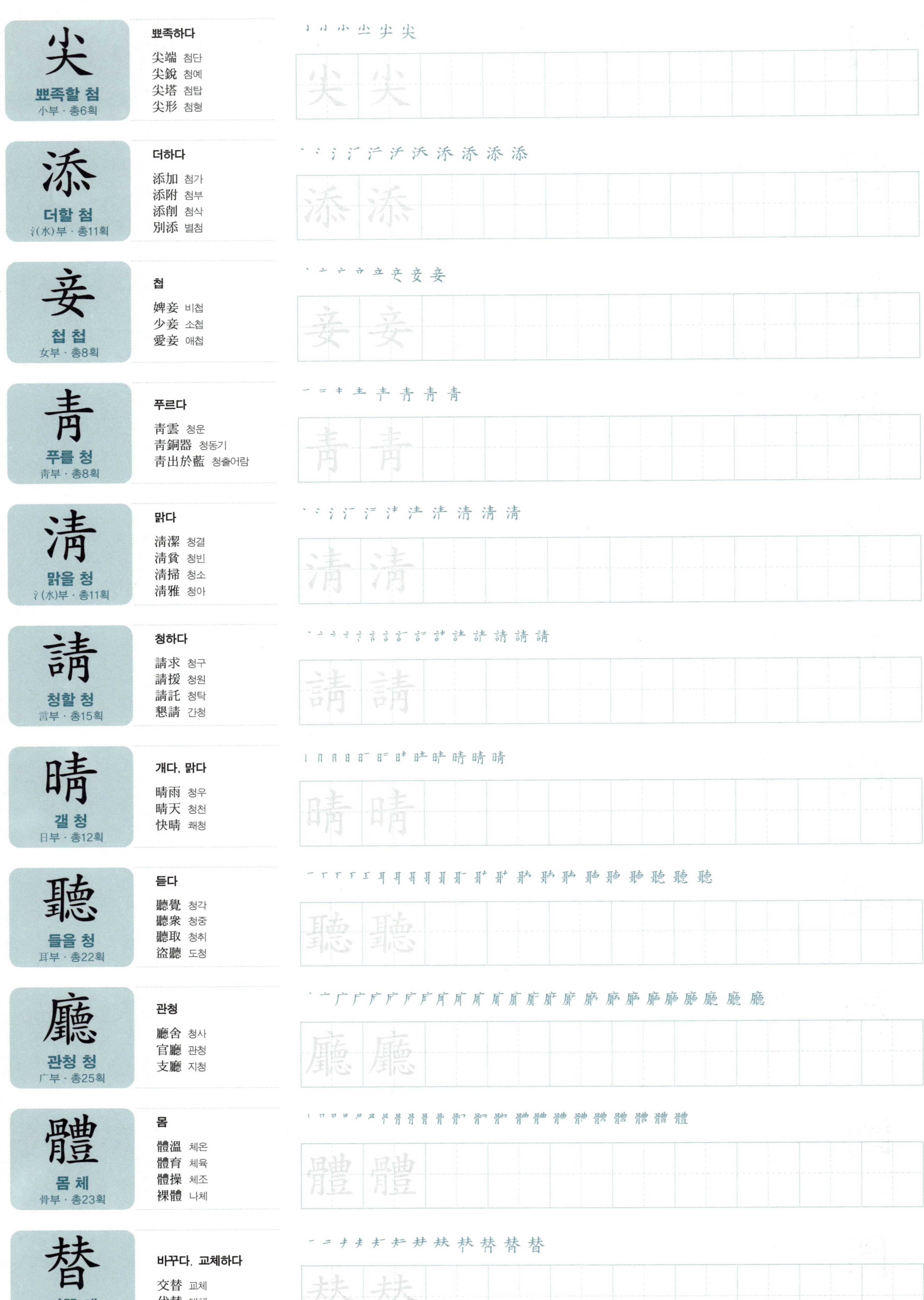

尖 뽀족할 첨
小부 · 총6획
뽀족하다
尖端 첨단
尖銳 첨예
尖塔 첨탑
尖形 첨형

添 더할 첨
氵(水)부 · 총11획
더하다
添加 첨가
添附 첨부
添削 첨삭
別添 별첨

妾 첩 첩
女부 · 총8획
첩
婢妾 비첩
少妾 소첩
愛妾 애첩

靑 푸를 청
靑부 · 총8획
푸르다
靑雲 청운
靑銅器 청동기
靑出於藍 청출어람

淸 맑을 청
氵(水)부 · 총11획
맑다
淸潔 청결
淸貧 청빈
淸掃 청소
淸雅 청아

請 청할 청
言부 · 총15획
청하다
請求 청구
請援 청원
請託 청탁
懇請 간청

晴 갤 청
日부 · 총12획
개다, 맑다
晴雨 청우
晴天 청천
快晴 쾌청

聽 들을 청
耳부 · 총22획
듣다
聽覺 청각
聽衆 청중
聽取 청취
盜聽 도청

廳 관청 청
广부 · 총25획
관청
廳舍 청사
官廳 관청
支廳 지청

體 몸 체
骨부 · 총23획
몸
體溫 체온
體育 체육
體操 체조
裸體 나체

替 바꿀 체
曰부 · 총12획
바꾸다, 교체하다
交替 교체
代替 대체

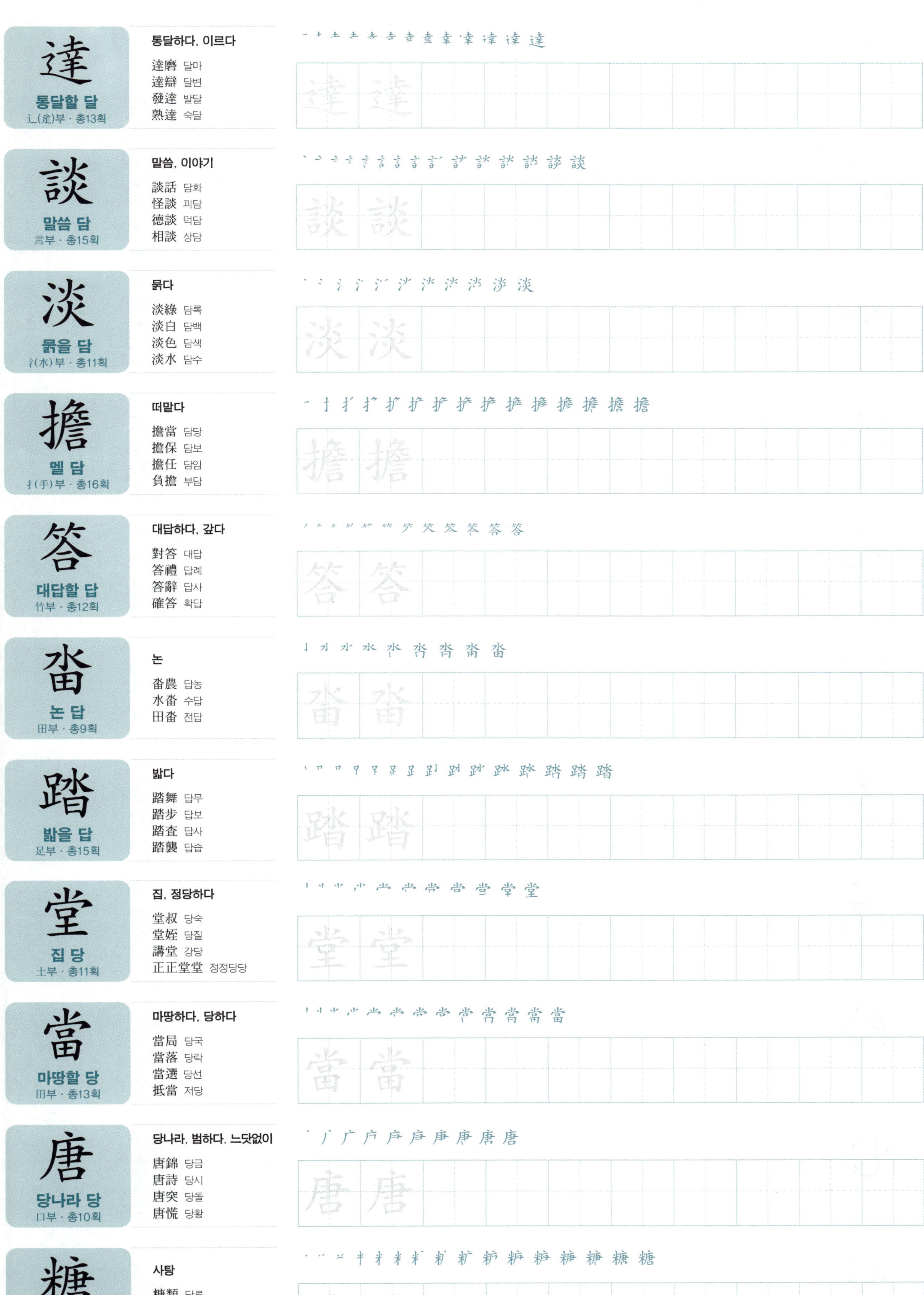

達 통달할 달 辶(辵)부·총13획	통달하다, 이르다	達磨 달마 達辯 달변 發達 발달 熟達 숙달
談 말씀 담 言부·총15획	말씀, 이야기	談話 담화 怪談 괴담 德談 덕담 相談 상담
淡 묽을 담 氵(水)부·총11획	묽다	淡綠 담록 淡白 담백 淡色 담색 淡水 담수
擔 멜 담 扌(手)부·총16획	떠맡다	擔當 담당 擔保 담보 擔任 담임 負擔 부담
答 대답할 답 竹부·총12획	대답하다, 갚다	對答 대답 答禮 답례 答辭 답사 確答 확답
畓 논 답 田부·총9획	논	畓農 답농 水畓 수답 田畓 전답
踏 밟을 답 足부·총15획	밟다	踏舞 답무 踏步 답보 踏査 답사 踏襲 답습
堂 집 당 土부·총11획	집, 정당하다	堂叔 당숙 堂姪 당질 講堂 강당 正正堂堂 정정당당
當 마땅할 당 田부·총13획	마땅하다, 당하다	當局 당국 當落 당락 當選 당선 抵當 저당
唐 당나라 당 口부·총10획	당나라, 범하다, 느닷없이	唐錦 당금 唐詩 당시 唐突 당돌 唐慌 당황
糖 사탕 당 米부·총16획	사탕	糖類 당류 糖分 당분 製糖 제당

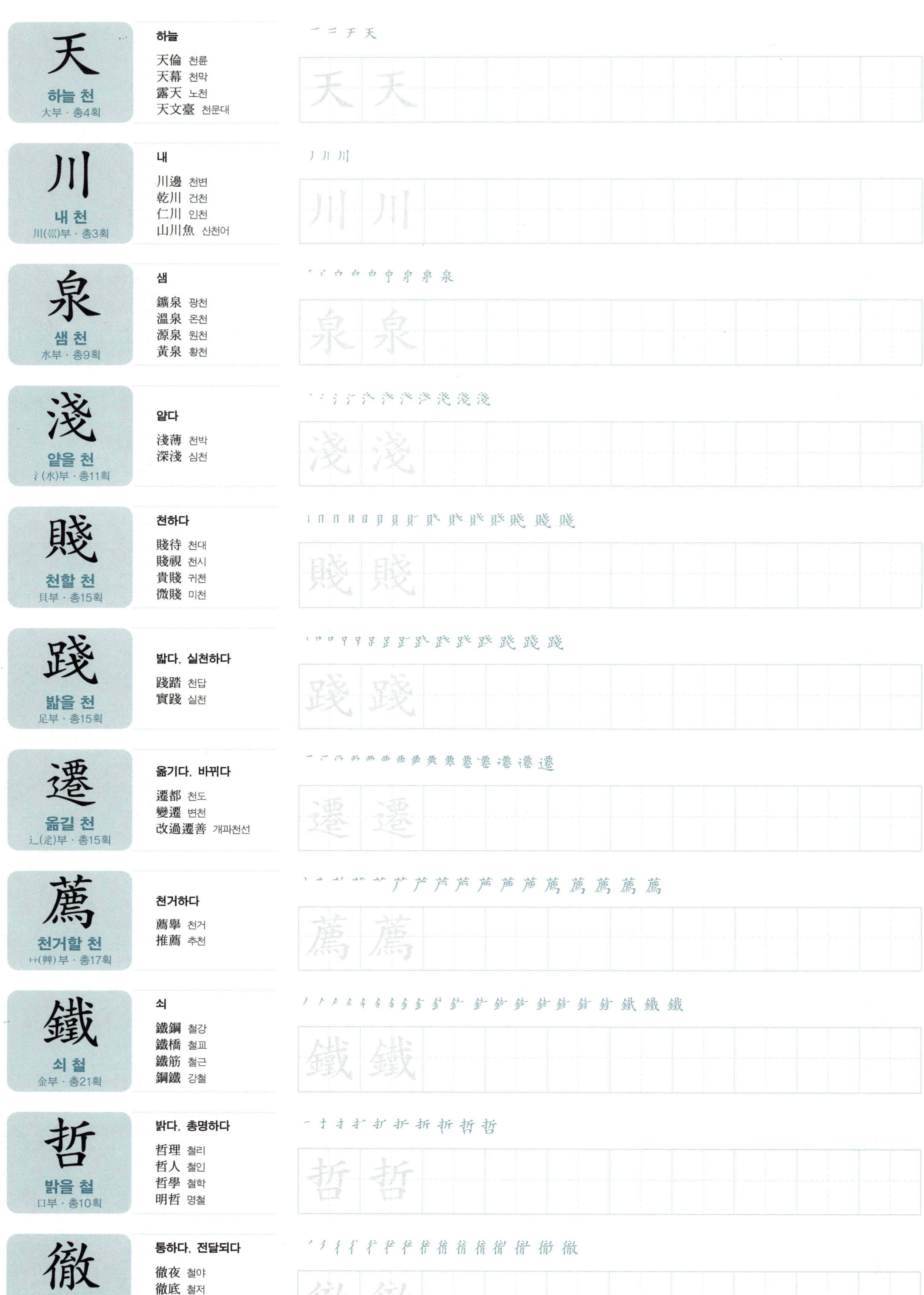

天	하늘 천	大部 · 총4획	하늘	天倫 천륜 / 天幕 천막 / 露天 노천 / 天文臺 천문대
川	내 천	川(巛)部 · 총3획	내	川邊 천변 / 乾川 건천 / 仁川 인천 / 山川魚 산천어
泉	샘 천	水部 · 총9획	샘	鑛泉 광천 / 溫泉 온천 / 源泉 원천 / 黃泉 황천
淺	얕을 천	氵(水)部 · 총11획	얕다	淺薄 천박 / 深淺 심천
賤	천할 천	貝部 · 총15획	천하다	賤待 천대 / 賤視 천시 / 貴賤 귀천 / 微賤 미천
踐	밟을 천	足部 · 총15획	밟다, 실천하다	踐踏 천답 / 實踐 실천
遷	옮길 천	辶(辵)部 · 총15획	옮기다, 바뀌다	遷都 천도 / 變遷 변천 / 改過遷善 개과천선
薦	천거할 천	++(艸)部 · 총17획	천거하다	薦擧 천거 / 推薦 추천
鐵	쇠 철	金部 · 총21획	쇠	鐵鋼 철강 / 鐵橋 철교 / 鐵筋 철근 / 鋼鐵 강철
哲	밝을 철	口部 · 총10획	밝다, 총명하다	哲理 철리 / 哲人 철인 / 哲學 철학 / 明哲 명철
徹	뚫을 철	彳部 · 총15획	통하다, 전달되다	徹夜 철야 / 徹底 철저 / 透徹 투철 / 徹頭徹尾 철두철미

黨	무리	` ⺌ ⺌ ⺌ ⺍ 黨 黨 黨 黨 黨 黨 黨 黨 黨 黨 黨 黨 黨 黨
무리 당 黑부·총20획	黨權 당권 黨舍 당사 黨首 당수 政黨 정당	
大	크다	一 ナ 大
큰 대 大부·총3획	大勢 대세 擴大鏡 확대경 大器晚成 대기만성	
代	대신	ノ イ 仁 代 代
대신 대 亻(人)부·총5획	代納 대납 代案 대안 代替 대체 代理母 대리모	
待	기다리다	ノ ク 彳 彳 扑 丝 待 待 待
기다릴 대 彳부·총9획	待機 대기 待遇 대우 待避 대피 優待 우대	
對	대하다	⺊ ⺊ ⺊ 业 业 业 丵 丵 堂 堂 對 對
대할 대 寸부·총14획	對談 대담 對譯 대역 對照 대조 對策 대책	
帶	띠다, 차다	一 卄 卅 卅 卅 芾 芾 芾 帶 帶 帶
띠 대 巾부·총11획	帶同 대동 熱帶 열대 携帶 휴대	
臺	대, 각본	一 十 士 吉 吉 吉 吉 直 臺 臺 臺 臺 臺
대 대 至부·총14획	臺本 대본 臺詞 대사 舞臺 무대	
貸	빌리다	ノ イ 仁 代 代 代 貸 貸 貸 貸 貸 貸
빌릴 대 貝부·총12획	貸金 대금 貸付 대부 貸出 대출 賃貸 임대	
隊	무리	⻖ ⻖ 阝 阝 阞 阞 阼 隊 隊 隊 隊 隊
무리 대 阝(阜)부·총12획	隊列 대열 隊伍 대오 隊長 대장 軍隊 군대	
德	큰, 덕	ノ ク イ 彳 彳 休 待 待 待 待 德 德 德
큰 덕 彳부·총15획	德談 덕담 德望 덕망 背恩忘德 배은망덕	
刀	칼	フ 刀
칼 도 刀부·총2획	刀劍 도검 短刀 단도 竹刀 죽도 銀粧刀 은장도	

債	빚	
빛 채	債權 채권	ノ イ イ′ イ′ イ″ 伫 伔 信 債 債 債 債 債
イ(人)부 · 총13획	債務 채무 私債 사채 會社債 회사채	

冊	책	
책 책	冊子 책자	))))) 冊
冂부 · 총5획	冊曆 책력 冊房 책방 冊封 책봉	

責	책임, 꾸짖다	
책임 책	責望 책망	一 十 中 主 丰 青 青 青 责 責 責
貝부 · 총11획	責任 책임 免責 면책 問責 문책	

策	꾀, 계책	
꾀 책	策略 책략	ノ ト 大 竹 竹 竹 竹 竹 筲 筲 策 策
竹부 · 총12획	策定 책정 計策 계책 政策 정책	

妻	아내	
아내 처	妻家 처가	一 彐 曰 彐 串 妻 妻 妻
女부 · 총8획	愛妻家 애처가 現地妻 현지처 賢母良妻 현모양처	

處	곳, 살다	
곳 처	處所 처소	) ト ゲ 广 户 虍 虍 虍 虑 處 處
虍부 · 총11획	居處 거처 近處 근처 到處 도처	

尺	자	
자 척	尺度 척도	ﾉ コ アフ 尺
尸부 · 총3획	越尺 월척 縮尺 축척 三尺童子 삼척동자	

斥	물리치다	
물리칠 척	斥言 척언	′ 厂 斤 斥 斥
斤부 · 총4획	斥候 척후 排斥 배척 指斥 지척	

拓	열다, 개척하다	
열 척	拓土 척토	一 十 扌 扌 扩 扚 拓 拓
扌(手)부 · 총8획	干拓 간척 開拓 개척	

戚	겨레, 친척	
겨레 척	外戚 외척	) 厂 厂 厈 厈 威 威 戚 戚 戚 戚
戈부 · 총11획	姻戚 인척 親戚 친척	

千	일천	
일천 천	千佛 천불	′ 二 千
十부 · 총3획	千里馬 천리마 千載一遇 천재일우	

到	이르다, 다다르다	一 工 工 互 互 至 至 到 到
이를 도 刂(刀)부 · 총8획	到達 도달 到着 도착 當到 당도 殺到 쇄도	

道	도리, 길	丷 丷 乍 产 产 芐 首 首 首 `道 道 道 道
도리 도 辶(辵)부 · 총13획	道德 도덕 道術 도술 道廳 도청 勢道 세도	

都	도읍, 모두	一 十 土 耂 耂 者 者 者 者 者' 都 都
도읍 도 阝(邑)부 · 총12획	古都 고도 都給 도급 都城 도성 首都 수도	

島	섬	′ ′ ′ ′ 卢 卢 白 鸟 鸟 島 島 島
섬 도 山부 · 총10획	孤島 고도 半島 반도 列島 열도 三多島 삼다도	

度	법도, 헤아리다	` 亠 广 广 庐 庐 庐 度 度
법도 도/헤아릴 탁 广부 · 총9획	角度 각도 經度 경도 濕度 습도 度支部 탁지부	

徒	무리	′ ′ ′ ′ ′ ′ ′ ′ ′ 徒 徒
무리 도 彳부 · 총10획	徒黨 도당 徒步 도보 敎徒 교도 生徒 생도	

圖	그림	丨 冂 冂 冃 冃 圀 圀 圀 圖 圖 圖 圖 圖 圖
그림 도 口부 · 총14획	圖鑑 도감 圖面 도면 圖案 도안 圖解 도해	

倒	넘어지다, 전도되다	′ ′ ′ ′ ′ ′ ′ 佢 佢 倒 倒
넘어질 도 亻(人)부 · 총10획	倒錯 도착 壓倒 압도 卒倒 졸도	

挑	돋우다	一 十 扌 扌 扌 护 挑 挑 挑
돋울 도 扌(手)부 · 총9획	挑發 도발 挑戰 도전 挑出 도출	

桃	복숭아나무	一 十 才 木 朴 机 机 机 桃 桃
복숭아나무 도 木부 · 총10획	桃李 도리 桃色 도색 桃花 도화 桃花水 도화수	

跳	뛰다	` 丨 口 口 口 足 足 趴 趴 趴 跳 跳 跳
뛸 도 足부 · 총13획	跳躍 도약 棒高跳 봉고도	

慙	부끄러울 참 心部 · 총15획	부끄럽다	慙愧 참괴 慙愧 참괴 慙悔 참회 無慙 무참
昌	창성할 창 日部 · 총8획	창성하다	昌盛 창성 繁昌 번창 隆昌 융창 碧昌牛 벽창우
唱	노래부를 창 口部 · 총11획	노래를 부르다	唱歌 창가 唱劇 창극 獨唱 독창 合唱 합창
窓	창 창 穴部 · 총11획	창, 창문	窓口 창구 窓門 창문 同窓 동창 船窓 선창
倉	곳집 창 人部 · 총10획	창고, 갑자기	倉庫 창고 倉卒 창졸 穀倉 곡창
創	비롯할 창 刂(刀)部 · 총12획	시작하다	創立 창립 創始 창시 創造 창조
蒼	푸를 창 艹(艸)部 · 총14획	푸르다	蒼空 창공 蒼白 창백 蒼生 창생
暢	펼 창 日部 · 총14획	펴다, 맑다, 진술하다	暢達 창달 和暢 화창 流暢 유창
菜	나물 채 艹(艸)部 · 총12획	나물	菜蔬 채소 菜食 채식 生菜 생채 野菜 야채
採	캘 채 扌(手)部 · 총11획	캐다	採鑛 채광 採伐 채벌 採點 채점 採集 채집
彩	무늬 채 彡部 · 총11획	무늬	彩色 채색 彩雲 채운 光彩 광채 色彩 색채

逃 **달아날 도** 辶(辵)부 · 총10획	**도망, 도피**	逃亡 도망 逃身 도신 逃走 도주 逃避 도피
渡 **건널 도** 氵(水)부 · 총12획	**건너다**	渡江 도강 渡美 도미 渡河 도하 過渡 과도
陶 **질그릇 도** 阝(阜)부 · 총11획	**도자기, 즐기다**	陶器 도기 陶冶 도야 陶醉 도취
途 **길 도** 辶(辵)부 · 총11획	**길**	途上 도상 途中 도중 前途 전도 中途 중도
稻 **벼 도** 禾부 · 총15획	**벼**	稻作 도작 早稻 조도
導 **이끌 도** 寸부 · 총16획	**이끌다**	先導 선도 誘導 유도 引導 인도 指導 지도
盜 **훔칠 도** 皿부 · 총12획	**훔치다**	盜難 도난 盜掘 도굴 盜殺 도살 盜用 도용
塗 **진흙, 칠할 도** 土부 · 총13획	**칠하다, 진흙**	塗褙 도배 塗裝 도장 塗炭 도탄
獨 **홀로 독** 犭(犬)부 · 총16획	**홀로**	獨斷 독단 獨房 독방 獨善 독선 獨占 독점
讀 **읽을 독/구절 두** 言부 · 총22획	**읽다, 구절**	讀書 독서 讀解 독해 晝耕夜讀 주경야독
毒 **독 독** 毋부 · 총8획	**독**	毒菌 독균 毒殺 독살 毒蟲 독충 毒劇物 독극물

此	이 차	止부·총6획	이	此後 차후 / 如此 여차 / 彼此 피차 / 此日彼日 차일피일
借	빌 차	亻(人)부·총10획	빌리다	借名 차명 / 借用 차용 / 借入 차입 / 租借 조차
差	어긋날 차	工부·총10획	차이	差度 차도 / 差額 차액 / 差異 차이 / 偏差 편차
着	붙을 착	目부·총12획	(몸에) 달라붙다, 도착하다	着陸 착륙 / 着服 착복 / 着手 착수 / 延着 연착
錯	섞일 착	金부·총16획	어지러워지다, 잘못하다	錯覺 착각 / 錯亂 착란 / 錯誤 착오 / 錯雜 착잡
捉	잡을 착	扌(手)부·총10획	잡다, 사로잡다	捉送 착송 / 捉囚 착수 / 捕捉 포착
贊	도울 찬	貝부·총19획	돕다	贊成 찬성 / 贊助 찬조 / 協贊 협찬
讚	기릴 찬	言부·총26획	기리다, 칭송하다	讚美 찬미 / 讚辭 찬사 / 讚頌 찬송 / 絶讚 절찬
察	살필 찰	宀부·총14획	살피다	檢察 검찰 / 觀察 관찰 / 巡察 순찰 / 診察 진찰
慘	참혹할 참	忄(心)부·총14획	참혹하다	慘事 참사 / 慘狀 참상 / 慘酷 참혹 / 悲慘 비참
參	참여할 참/석 삼	厶부·총11획	참여하다, 석(셋)	參觀 참관 / 參席 참석 / 參與 참여 / 人參 인삼

督 감독할 독
目部 · 총13획

감독하다
督勵 독려
督促 독촉
監督 감독

篤 도타울 독
竹部 · 총16획

도탑다
篤實 독실
篤志 독지
危篤 위독

豚 돼지 돈
豕部 · 총11획

돼지
豚舍 돈사
豚肉 돈육
豚皮 돈피
養豚 양돈

敦 도타울 돈
攵(攴)部 · 총12획

도탑다
敦篤 돈독
敦厚 돈후

突 갑자기 돌
穴部 · 총9획

갑자기
突擊 돌격
突發 돌발
突變 돌변
突出 돌출

冬 겨울 동
冫部 · 총5획

겨울
冬季 동계
冬眠 동면
冬柏 동백
冬至 동지

東 동녘 동
木部 · 총8획

동녘
東獨 동독
東廟 동묘
東洋 동양

同 한가지 동
口部 · 총6획

한가지, 같이
同盟 동맹
同乘 동승
同苦同樂 동고동락

洞 마을 동/통할 통
氵(水)部 · 총9획

마을, 고을, 통하다
洞口 동구
洞長 동장
空洞化 공동화

動 움직일 동
力部 · 총11획

움직이다
動亂 동란
動搖 동요
激動 격동
能動 능동

童 아이 동
立部 · 총12획

아이
童謠 동요
童話 동화
缺食兒童 결식아동

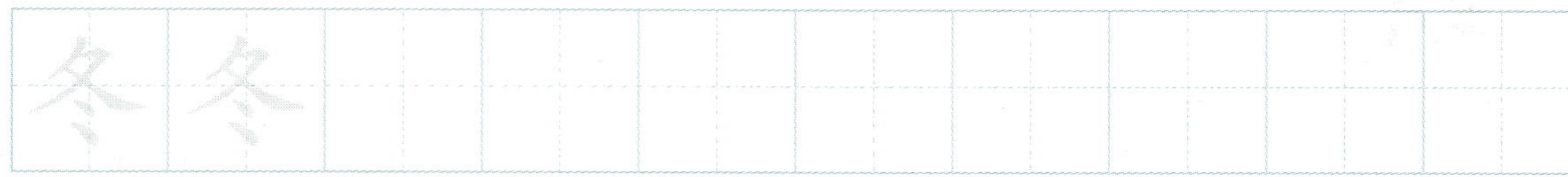
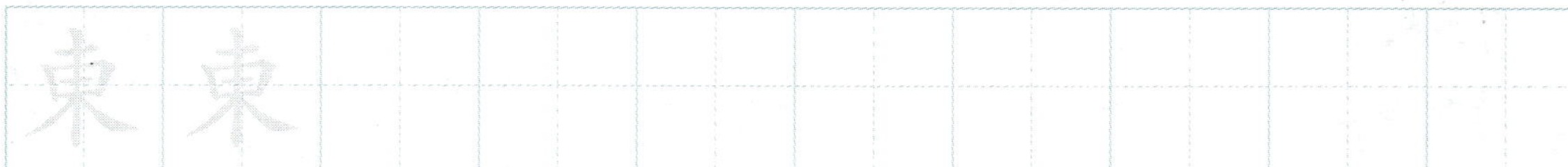
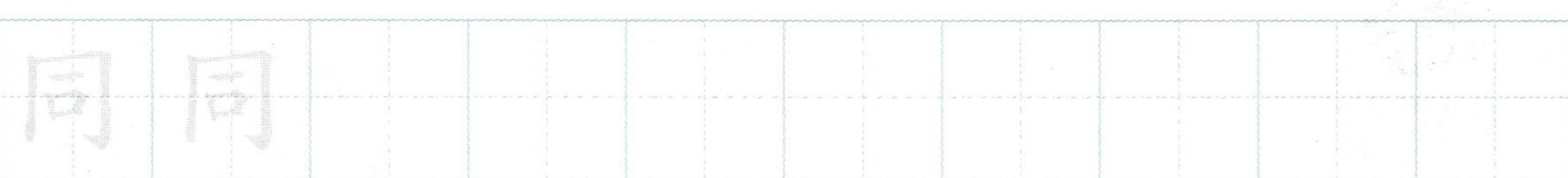

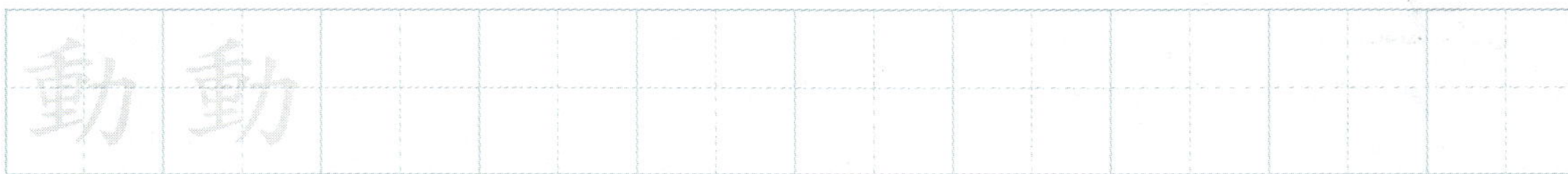

質 바탕 질 貝부 · 총15획	**바탕** 質量 질량 質疑 질의 物質 물질 變質 변질	
秩 차례 질 禾부 · 총10획	**차례** 秩序 질서	
疾 병 질 疒부 · 총10획	**질병** 疾病 질병 疾視 질시 疾患 질환	
姪 조카 질 女부 · 총9획	**조카** 姪女 질녀 姪婦 질부 甥姪 생질	
集 모을 집 隹부 · 총12획	**모으다, 모이다** 集結 집결 募集 모집 召集 소집 集大成 집대성	
執 잡을 집 土부 · 총11획	**잡다, 가지다** 執權 집권 執念 집념 執着 집착 我執 아집	
徵 부를 징 彳부 · 총15획	**부르다, 거두다, 효과** 徵收 징수 特徵 특징	
懲 징계할 징 心부 · 총19획	**징계하다** 懲戒 징계 懲罰 징벌 懲役 징역 膺懲 응징	

ㅊ

교육용 한자쓰기 1800

| 且 또 차
一부 · 총5획 | **또**
苟且 구차
重且大 중차대 | |
| 次 다음 차
欠부 · 총6획 | **다음, 버금**
次席 차석
次善 차선
席次 석차
月次 월차 | |

銅	구리 / 구리 동	銅器 동기, 銅像 동상, 靑銅 청동, 黃銅 황동	金부·총14획
凍	얼다 / 얼 동	凍結 동결, 凍氷 동빙, 凍死 동사, 凍傷 동상	冫부·총10획
斗	말 / 말 두	斗量 두량, 泰斗 태두, 北斗七星 북두칠성	斗부·총4획
豆	콩 / 콩 두	豆乳 두유, 豆類 두류, 豆腐 두부, 綠豆 녹두	豆부·총7획
頭	머리, 우두머리 / 머리 두	頭角 두각, 頭骨 두골, 頭腦 두뇌, 頭痛 두통	頁부·총16획
鈍	둔하다 / 둔할 둔	鈍感 둔감, 鈍才 둔재, 鈍筆 둔필	金부·총12획
屯	진치다, 주둔하다 / 진칠 둔	屯畓 둔답, 屯兵 둔병, 屯田 둔전	屮부·총4획
得	얻다, 잡다 / 얻을 득	得道 득도, 得勢 득세, 得票 득표, 習得 습득	彳부·총11획
登	오르다 / 오를 등	登校 등교, 登極 등극, 登錄 등록, 登山 등산	癶부·총12획
燈	등잔, 등불 / 등잔 등	燈臺 등대, 電燈 전등, 點燈 점등, 螢光燈 형광등	火부·총16획
等	무리, 차례, 가지런하다 / 무리 등	等級 등급, 對等 대등, 優等 우등, 越等 월등	竹부·총12획

織	짜다	
짤 직 糸부 · 총18획	織物 직물 綿織 면직 毛織 모직 組織 조직	`丶丶幺幺牟糸糸糸紅紆紵紵締締織織織`

辰	별, 십이지의 다섯째, 때	
별 진/신 辰부 · 총7획	辰方 진방 辰時 진시 生辰 생신	`一厂厂厄辰辰辰`

進	나아가다	
나아갈 진 辶(辵)부 · 총12획	進擊 진격 進路 진로 進出 진출 急進 급진	`丨亻亻亻亻隹隹隹進進進`

盡	다하다, 모두	
다할 진 皿부 · 총14획	盡力 진력 盡心 진심 極盡 극진 蕩盡 탕진	`コョヨ聿聿聿盡盡盡畵畵盡盡盡`

眞	참되다, 진실하다	
참 진 目부 · 총10획	眞僞 진위 眞理 진리 眞率 진솔 眞實 진실	`一匕ヒ冇冇冇旨直眞眞`

振	떨치다, 일으키다	
떨칠 진 扌(手)부 · 총10획	振動 진동 振作 진작 振興 진흥	`一十扌扎扩护拆振振`

鎭	진압하다, 가라앉히다	
진압할 진 金부 · 총18획	鎭壓 진압 鎭營 진영 鎭靜 진정 鎭痛 진통	`丿𠂉𠂉𠂉𢆶牟牟金釒釘鈩鈩鎮鎮鎮鎮鎮鎮`

陳	펴다, 진술하다	
베풀 진 阝(阜)부 · 총11획	陳述 진술 陳列 진열	`丶阝阝阠陌陌陌陣陳陳`

陣	진치다, 주둔하다	
진칠 진 阝(阜)부 · 총10획	陣營 진영 陣中 진중 陣形 진형 軍陣 군진	`丶阝阝阠陌陌陌陣陣`

珍	보배, 진귀하다	
보배 진 王(玉)부 · 총9획	珍貴 진귀 珍談 진담 珍味 진미 珍品 진품	`一二丆王玗玪珍珍珍`

震	진동하다	
진동할 진 雨부 · 총15획	震怒 진노 地震 지진 震動 진동	`一宀尸币而而而雨雪霏霏霏震震震`

騰
오르다
騰落 등락
急騰 급등
龍蛇飛騰 용사비등
오를 등
馬部·총20획

丿 刀 月 月 月 肝 肝 胖 胖 朕 朕 朕 朕 騰 騰 騰 騰 騰 騰 騰

ㄹ

교육용 한자쓰기 1800

羅
벌리다. 나열하다
羅列 나열
羅漢 나한
羅針盤 나침반
벌릴 라
罒(网)부·총19획

落
떨어지다
落傷 낙상
落選 낙선
落鄕 낙향
漏落 누락
떨어질 락
艹(艸)부·총13획

丶 丬 艹 艹 茫 节 茓 荶 莎 茨 落 落 落

樂
즐겁다. 노래, 좋아하다
樂園 낙원
苦樂 고락
音樂 음악
樂山樂水 요산요수
즐거울 락/노래 악/
좋아할 요
木部·총15획

絡
잇다. 연락하다
脈絡 맥락
連絡 연락
이을 락
糸부·총12획

丶 丬 纟 纟 糸 糸 糸 紣 � 絋 終 終 絡 絡

卵
알
卵生 난생
排卵 배란
鷄卵有骨 계란유골
알 란
卩부·총7획

亂
어지럽다
亂動 난동
亂立 난립
亂暴 난폭
混亂 혼란
어지러울 란
乙부·총13획

丿 丬 丬 丬 丬 严 肾 肾 肾 窗 窗 亂

蘭
난초
蘭竹 난죽
蘭草 난초
蘭香 난향
난초 란
艹(艸)부·총21획

欄
난간
欄干 난간
空欄 공란
난간 란
木부·총21획

一 十 才 才 杧 杧 杧 杧 相 相 相 相 欄 欄 欄 欄 欄 欄

覽
보다
觀覽 관람
博覽 박람
閱覽 열람
遊覽 유람
볼 람
見부·총21획

一 丆 丮 丮 臣 臣 臣 臣 臣 臣 臣 臣 臣 臣 覽 覽 覽 覽 覽 覽 覽

至 이를 지
至부 · 총6획
이르다, 도착하다, 다다르다
至極 지극
至今 지금
至大 지대

指 손가락 지
扌(手)부 · 총9획
손가락, 가리키다
指目 지목
指定 지정
指針 지침
指稱 지칭

志 뜻 지
心부 · 총7획
뜻
志望 지망
志願 지원
志操 지조
意志 의지

紙 종이 지
糸부 · 총10획
종이
紙錢 지전
紙幣 지폐
收入印紙 수입인지

持 지닐 지
扌(手)부 · 총9획
지니다, 잡다, 가지다
持病 지병
持續 지속
持參 지참
維持 유지

池 못 지
氵(水)부 · 총6획
연못
池畔 지반
蓮池 연지
電池 전지

誌 기록할 지
言부 · 총14획
기록, 내용
誌面 지면
誌上 지상
日誌 일지

智 지혜 지
日부 · 총12획
지혜
智略 지략
智謀 지모
智慧 지혜

遲 늦을 지
辶(辵)부 · 총16획
늦다, 지연되다
遲刻 지각
遲延 지연
遲參 지참

直 곧을 직
目부 · 총8획
곧다, 바르다, 올바르다
直感 직감
直線 직선
率直 솔직
愚直 우직

職 벼슬 직
耳부 · 총18획
들벼
職務 직무
職業 직업
職場 직장
殉職 순직

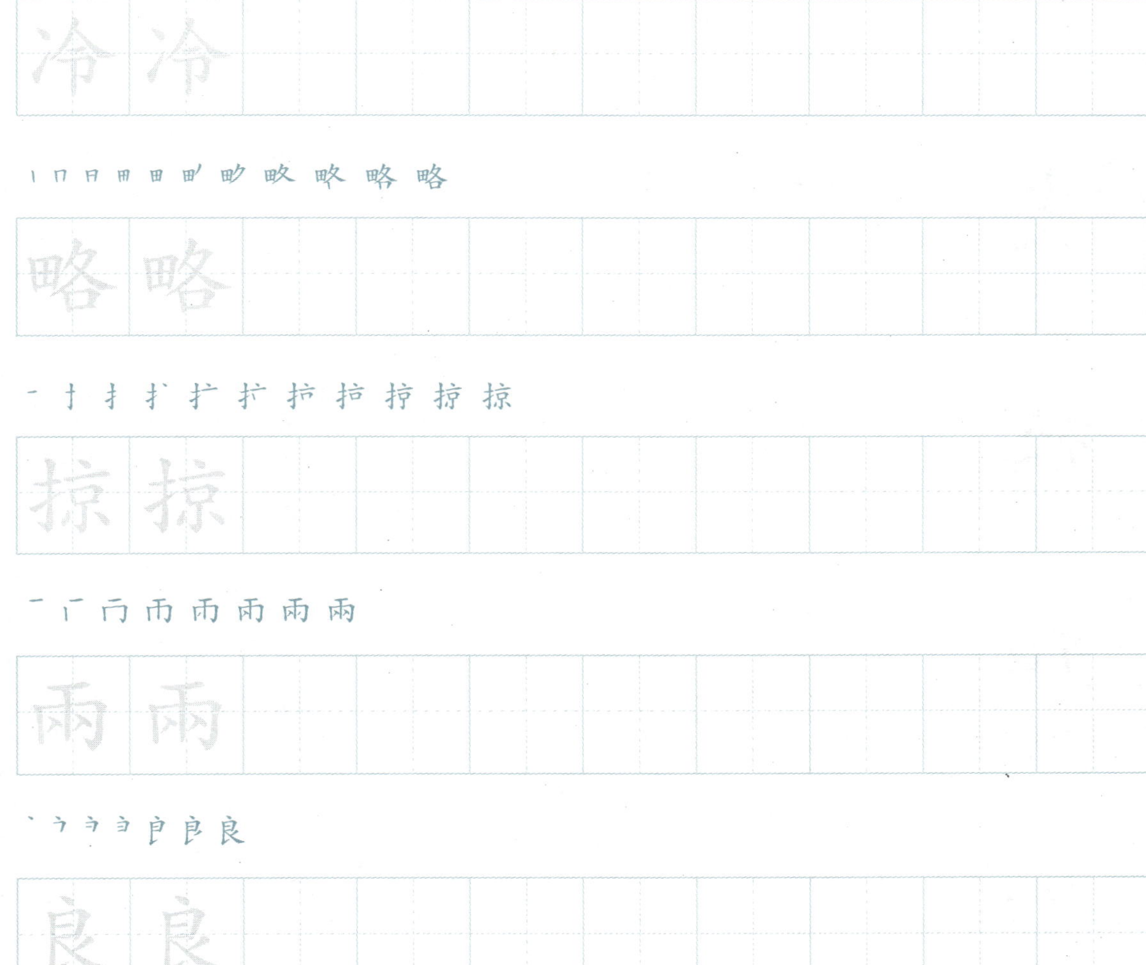

濫 넘칠 람 氵(水)부·총17획	넘치다 濫發 남발 濫用 남용 濫讀 남독 氾濫 범람	丶丶氵氵氵汗汗沪泙泙泙滥滥滥滥濫
浪 물결 랑 氵(水)부·총10획	물결 浪說 낭설 流浪 유랑 風浪 풍랑 浮浪者 부랑자	丶丶氵氵氵汀浪浪浪浪
郎 사내 랑 阝(邑)부·총10획	사내 郎君 낭군 新郎 신랑 花郎 화랑	丶丶彐彐良良良郎郎
廊 행랑 랑 广부·총13획	행랑 行廊 행랑 畵廊 화랑 回廊 회랑 舍廊房 사랑방	丶广广广庐庐庐庐廊廊廊廊
來 올 래 人부·총8획	오다 來歷 내력 來賓 내빈 來襲 내습 招來 초래	一厂厂厇厇來來來
冷 찰 랭 冫부·총7획	차다, 얼다 冷氣 냉기 冷嚴 냉엄 冷戰 냉전 冷害 냉해	丶丶冫冫冷冷冷
略 간략할 략 田부·총11획	간략하다 略歷 약력 簡略 간략 省略 생략	丨冂冃田田町畋畋略略略
掠 노략질할 략 扌(手)부·총11획	노략질하다 掠治 약치 掠奪 약탈 擄掠 노략	一十扌扩扩护护掠掠掠
兩 두 량 入부·총8획	둘, 2 兩極 양극 兩班 양반 兩者擇一 양자택일	一厂币币而兩兩兩
良 어질 량 艮부·총7획	어질다, 좋다 良識 양식 良心 양심 良好 양호 善良 선량	丶彐彐良良良
量 헤아릴 량 里부·총12획	헤아리다 無量 무량 聲量 성량 酒量 주량 測量 측량	丨冂冃日旦昌昌量量量量量

| 憎 미워할 증 | 미워하다 | 憎惡 증오 · 可憎 가증 · 愛憎 애증 |
| 忄(心)부 · 총15획 | | |

| 贈 줄 증 | 주다, 기증하다 | 贈呈 증정 · 寄贈 기증 |
| 貝부 · 총19획 | | |

| 症 증세 증 | 증세 | 症狀 증상 · 症勢 증세 · 症候 증후 · 炎症 염증 |
| 疒부 · 총10획 | | |

| 蒸 찔 증 | 찌다 | 蒸氣 증기 · 蒸溜 증류 · 蒸發 증발 |
| ++(艸)부 · 총14획 | | |

| 只 다만 지 | 다만 | 但只 단지 |
| 口부 · 총5획 | | |

| 之 갈 지 | 간다 | 三遷之敎 삼천지교 · 人之常情 인지상정 |
| ノ부 · 총4획 | | |

| 支 지탱할 지 | 지탱하다, 버티다, 가르다 | 支流 지류 · 支柱 지주 · 支援 지원 · 支店 지점 |
| 支부 · 총4획 | | |

| 枝 가지 지 | 가지 | 枝葉 지엽 · 金枝玉葉 금지옥엽 |
| 木부 · 총8획 | | |

| 知 알 지 | 알다, 기억하다 | 知覺 지각 · 知識 지식 · 感知 감지 · 熟知 숙지 |
| 矢부 · 총8획 | | |

| 止 그칠 지 | 그치다 | 止揚 지양 · 止血 지혈 · 禁止 금지 · 停止 정지 |
| 止부 · 총4획 | | |

| 地 땅 지 | 땅 | 地盤 지반 · 地位 지위 · 地表 지표 · 居住地 거주지 |
| 土부 · 총6획 | | |

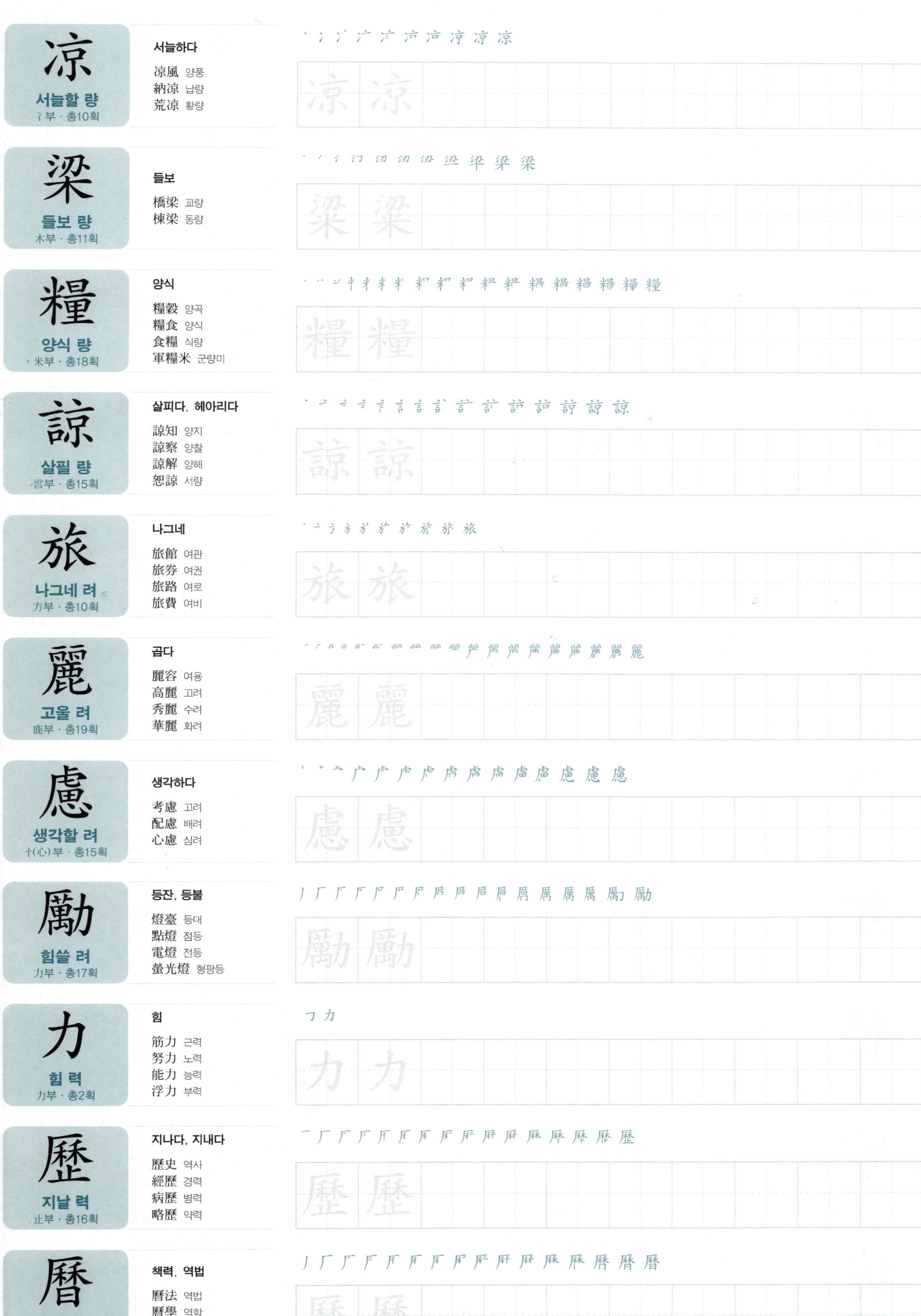

凉 서늘할 량 冫부 · 총10획	서늘하다 凉風 양풍 納凉 납량 荒凉 황량	
梁 들보 량 木부 · 총11획	들보 橋梁 교량 棟梁 동량	
糧 양식 량 米부 · 총18획	양식 糧穀 양곡 糧食 양식 食糧 식량 軍糧米 군량미	
諒 살필 량 言부 · 총15획	살피다, 헤아리다 諒知 양지 諒察 양찰 諒解 양해 恕諒 서량	
旅 나그네 려 方부 · 총10획	나그네 旅館 여관 旅券 여권 旅路 여로 旅費 여비	
麗 고울 려 鹿부 · 총19획	곱다 麗容 여용 高麗 고려 秀麗 수려 華麗 화려	
慮 생각할 려 忄(心)부 · 총15획	생각하다 考慮 고려 配慮 배려 心慮 심려	
勵 힘쓸 려 力부 · 총17획	등잔, 등불 燈臺 등대 點燈 점등 電燈 전등 螢光燈 형광등	
力 힘 력 力부 · 총2획	힘 筋力 근력 努力 노력 能力 능력 浮力 부력	
歷 지날 력 止부 · 총16획	지나다, 지내다 歷史 역사 經歷 경력 病歷 병력 略歷 약력	
曆 책력 력 日부 · 총16획	책력, 역법 曆法 역법 曆學 역학 冊曆 책력	

準	법	
법도 준 氵(水)부 · 총13획	準據 준거 準備 준비 準則 준칙 水準 수준	

俊	준걸, 뛰어나다	
준걸 준 亻(人)부 · 총9획	俊傑 준걸 俊秀 준수 俊才 준재 英俊 영준	

遵	좇다	
좇을 준 辶(辵)부 · 총16획	遵法 준법 遵守 준수 遵行 준행	

中	가운데	
가운데 중 丨부 · 총4획	中間 중간 中部 중부 中旬 중순 中心 중심	

衆	무리	
무리 중 血부 · 총12획	衆生 중생 觀衆 관중 衆寡不敵 중과부적	

重	무겁다, 겹치다, 거듭	
무거울 중 里부 · 총9획	重複 중복 重傷 중상 重態 중태 重罪 중죄	

仲	버금가다, 중개	
버금 중 亻(人)부 · 총6획	仲介 중개 仲媒 중매 伯仲 백중	

卽	곧	
곧 즉 卩부 · 총9획	卽刻 즉각 卽時 즉시 一觸卽發 일촉즉발	

曾	일찍	
일찍 증 日부 · 총12획	曾孫 증손 曾祖父 증조부	

增	더하다	
더할 증 土부 · 총15획	增加 증가 增減 증감 增大 증대 增産 증산	

證	증거, 증명하다	
증거 증 言부 · 총19획	證據 증거 證書 증서 證言 증언 保證 보증	

連 이을 련 辶(辵)부 · 총11획	잇다 連結 연결 連帶 연대 連盟 연맹 連發 연발
練 익힐 련 糸부 · 총15획	익히다 練習 연습 熟練 숙련 訓練 훈련 練兵場 연병장
鍊 불릴 련 金부 · 총17획	단련, 훈련 鍊磨 연마 鍊武 연무 鍛鍊 단련
憐 불쌍히 여길 련 忄(心)부 · 총15획	불쌍히 여기다 憐憫 연민 可憐 가련 哀憐 애련
聯 연이을 련 耳부 · 총17획	연결하다 聯關 연관 聯隊 연대 聯盟 연맹 聯合 연합
戀 사모할 련 心부 · 총23획	사모하다 戀慕 연모 戀書 연서 戀愛 연애 戀情 연정
蓮 연꽃 련 艹(艸)부 · 총15획	연꽃 睡蓮 수련 蓮根 연근 蓮實 연실 蓮花 연화
列 벌일 렬 刂(刀)부 · 총6획	벌이다, 줄 羅列 나열 配列 배열 列擧 열거 列島 열도
烈 사나울 렬 灬(火)부 · 총10획	사납다, 맵다, 세차다 激烈 격렬 猛烈 맹렬 先烈 선열 烈士 열사
裂 찢을 렬 衣부 · 총12획	찢어지다 決裂 결렬 龜裂 균열 滅裂 멸렬 破裂 파열
劣 못할 렬 力부 · 총6획	못하다, 열등하다 劣等 열등 劣勢 열세 劣惡 열악

晝		
낮 주 日부 · 총11획	**낮** 晝間 주간 晝夜 주야 晝耕夜讀 주경야독	一 一 コ ヨ 聿 書 書 書 書 晝 晝

舟		
배 주 舟부 · 총6획	**배** 舟橋 주교 一葉片舟 일엽편주	' 亻 月 月 舟 舟

周		
두루 주 口부 · 총8획	**두루, 널리, 골고루** 周到 주도 周邊 주변 周旋 주선 周知 주지	丿 冂 门 门 周 周 周 周

株		
그루 주 木부 · 총10획	**주식** 株價 주가 株式 주식 新株 신주 優先株 우선주	一 十 才 木 术 朴 柱 杜 株 株

州		
고을 주 川부 · 총6획	**고을, 마을** 州縣 주현	' 丿 丬 州 州 州

洲		
섬 주 氵(水)부 · 총9획	**섬, 대륙** 美洲 미주 亞洲 아주 濠洲 호주	' 冫 氵 汀 洲 洲 洲 洲 洲

柱		
기둥 주 木부 · 총9획	**기둥, 받치다** 柱石 주석 柱礎 주초 電柱 전주 支柱 지주	一 十 才 木 木 栏 柱 柱 柱

奏		
아뢸 주 大부 · 총9획	**아뢰다, 음악의 한 곡** 奏請 주청 奏者 주자 獨奏 독주	一 二 三 声 夫 表 表 奏 奏

珠		
구슬 주 王(玉)부 · 총10획	**구슬** 珠玉 주옥 念珠 염주 如意珠 여의주	一 二 千 王 王 玎 珒 珠 珠 珠

鑄		
쇠불릴 주 金부 · 총22획	**쇠를 부어 만들다** 鑄造 주조 鑄鐵 주철 鑄貨 주화	丿 𠂤 乍 乍 牟 牟 金 金 金 鈝 鈝 銈 鋳 鋳 鑄 鑄 鑄 鑄 鑄

竹		
대 죽 竹부 · 총6획	**대, 대나무** 竹簡 죽간 竹刀 죽도 竹林七賢 죽림칠현	丿 𠂉 𠂉 竹 竹 竹

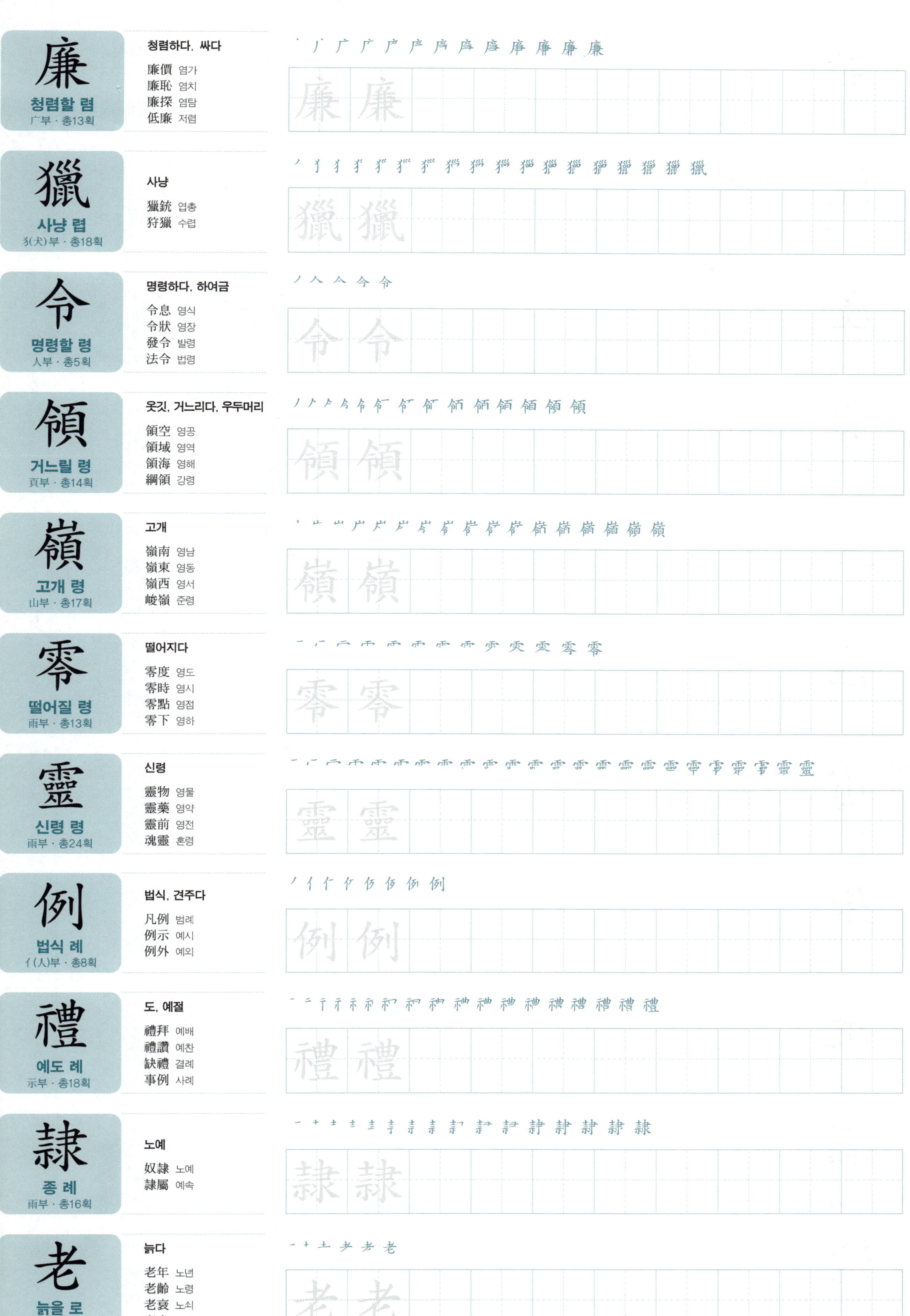

廉
청렴할 렴
广부 · 총13획
청렴하다, 싸다
廉價 염가
廉恥 염치
廉探 염탐
低廉 저렴

獵
사냥 렵
犭(犬)부 · 총18획
사냥
獵銃 엽총
狩獵 수렵

令
명령할 령
人부 · 총5획
명령하다, 하여금
令息 영식
令狀 영장
發令 발령
法令 법령

領
거느릴 령
頁부 · 총14획
옷깃, 거느리다, 우두머리
領空 영공
領域 영역
領海 영해
綱領 강령

嶺
고개 령
山부 · 총17획
고개
嶺南 영남
嶺東 영동
嶺西 영서
峻嶺 준령

零
떨어질 령
雨부 · 총13획
떨어지다
零度 영도
零時 영시
零點 영점
零下 영하

靈
신령 령
雨부 · 총24획
신령
靈物 영물
靈藥 영약
靈前 영전
魂靈 혼령

例
법식 례
亻(人)부 · 총8획
법식, 견주다
凡例 범례
例示 예시
例外 예외

禮
예도 례
示부 · 총18획
도, 예절
禮拜 예배
禮讚 예찬
缺禮 결례
事例 사례

隸
종 례
雨부 · 총16획
노예
奴隸 노예
隸屬 예속

老
늙을 로
老부 · 총6획
늙다
老年 노년
老齡 노령
老衰 노쇠
老人 노인

路	길	一ㅁㅁㅁㅁㅁ足足足足足足路路路
길 로 足부 · 총13획	路線 노선 歸路 귀로 道路 도로 迷路 미로	

勞	일하다, 수고하다	`` ` `` `` ` `` ``ㅗ`` 火 火 火′ 炊 炊 炒 勞 勞
일할 로 力부 · 총12획	勞困 노곤 勞動 노동 勞組 노조 過勞 과로	

露	이슬	一广卢雨雨雨雨雨雰雰雰雰霄霸霸霸露露露
이슬 로 雨부 · 총21획	露宿 노숙 露店 노점 露出 노출 暴露 폭로	

爐	화로	`` ` ` ` `` ナ 火 火′ 火″ 炉 炉 炉 炉 炉 炉 炉 爐 爐 爐 爐 爐 爐
화로 로 火부 · 총20획	煖爐 난로 風爐 풍로 香爐 향로 火爐 화로	

綠	초록빛, 푸르다	` ` ` 幺 糸 糸 糸 紀 紀 紀 紀 綟 綟 綠
초록빛 록 糸부 · 총14획	綠色 녹색 綠眼 녹안 綠陰 녹음 常綠樹 상록수	

祿	녹봉	一二亍示示示 祁 祁 祁 祿 祿 祿
복 록 示부 · 총13획	祿俸 녹봉 祿位 녹위 福祿 복록	

錄	기록하다	ノ 人 ヘ 牟 牟 牟 金 金 釒 釒 鈩 鈩 鉜 錄 錄 錄
기록할 록 金부 · 총16획	錄音 녹음 記錄 기록 登錄 등록 目錄 목록	

鹿	사슴	` 广 广 户 户 庐 庐 庐 鹿 鹿 鹿
사슴 록 鹿부 · 총11획	鹿角 녹각 鹿苑 녹원 鹿茸 녹용 鹿皮 녹피	

論	논의하다, 말하다	` ㅗ ㅛ 言 言 言 言 診 診 論 論 論 論 論
논의할 론 言부 · 총15획	論據 논거 論理 논리 論爭 논쟁 講論 강론	

弄	희롱하다	一 二 干 王 王 弄 弄
희롱할 롱 廾부 · 총7획	弄奸 농간 弄談 농담 戲弄 희롱	

雷	천둥	一广广户币币雨雨雨雨雷雷雷
우레 뢰 雨부 · 총13획	雷同 뇌동 雷鳴 뇌명 雷聲 뇌성 雷雨 뇌우	

存	있을 존 子부 · 총6획	있다, 존재하다	存立 존립 / 存命 존명 / 存否 존부 / 存續 존속
尊	높을 존 寸부 · 총12획	높다	尊敬 존경 / 尊貴 존귀 / 尊待 존대 / 尊嚴 존엄
卒	군사 졸 十부 · 총8획	군사, 마치다	卒兵 졸병 / 卒業 졸업 / 高卒 고졸 / 腦卒中 뇌졸중
拙	졸할 졸 扌(手)부 · 총8획	졸하다	拙劣 졸렬 / 拙作 졸작 / 拙筆 졸필
宗	마루 종 宀부 · 총8획	마루, 종가	宗家 종가 / 宗廟 종묘 / 宗派 종파 / 宗親會 종친회
從	좇을 종 彳부 · 총11획	좇다, 따르다	從事 종사 / 從心 종심 / 服從 복종 / 追從 추종
種	씨 종 禾부 · 총14획	씨, 종자, 심다	種類 종류 / 種別 종별 / 種子 종자 / 人種 인종
終	마칠 종 糸부 · 총11획	마치다, 끝	終結 종결 / 終末 종말 / 終身 종신 / 臨終 임종
鐘	종 종 金부 · 총20획	종, 쇠북	鐘閣 종각 / 鐘塔 종탑 / 鍾路 종로 / 自鳴鐘 자명종
縱	세로 종 糸부 · 총17획	세로, 늘어지다	縱斷 종단 / 縱隊 종대 / 縱橫 종횡
左	왼 좌 工부 · 총5획	왼쪽	左傾 좌경 / 左手 좌수 / 左右 좌우 / 左遷 좌천

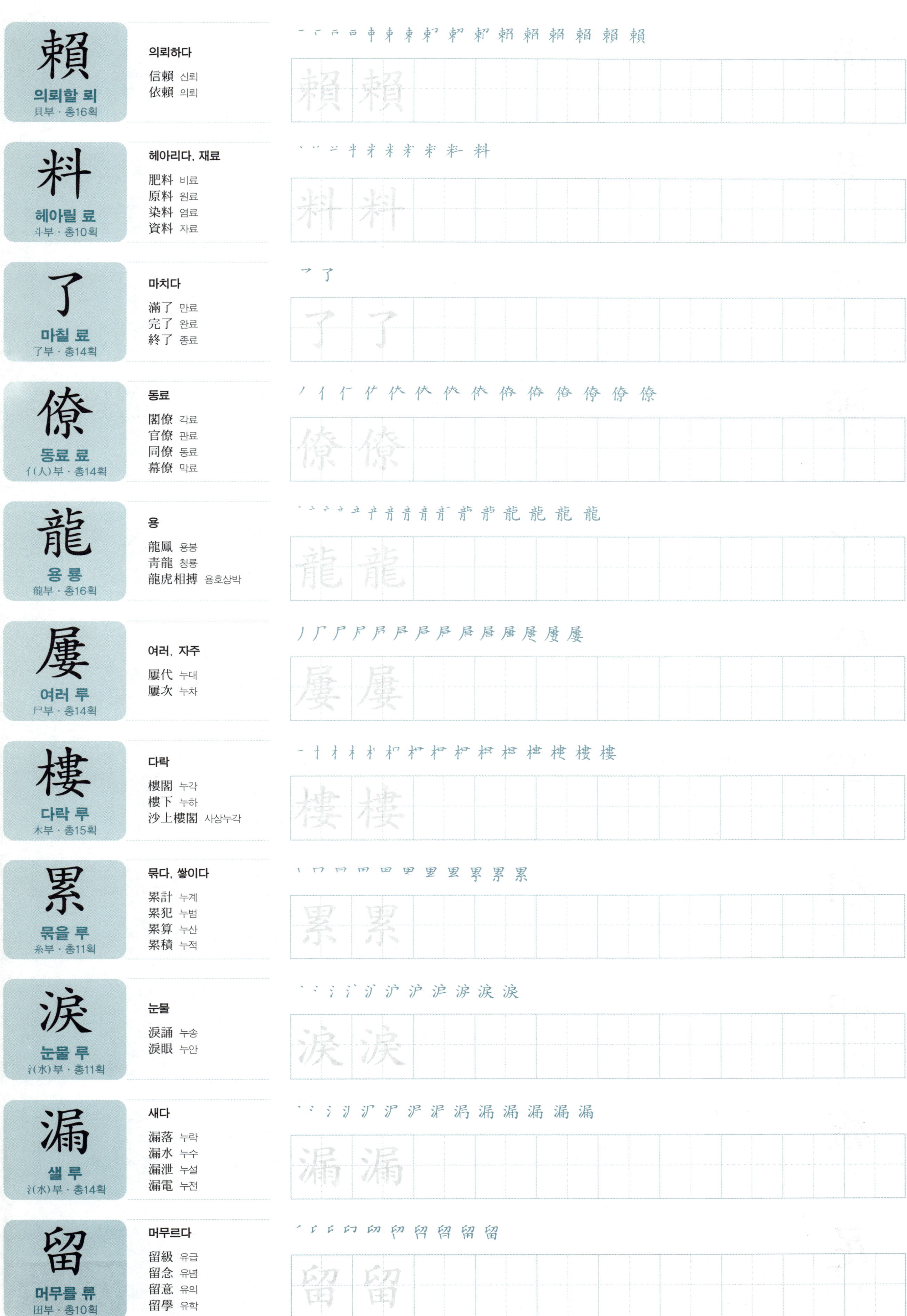

賴 의뢰할 뢰 貝부 · 총16획	의뢰하다 信賴 신뢰 依賴 의뢰	一 厂 厂 币 束 束 束 刺 刺 刺 剌 剌 賴 賴 賴
料 헤아릴 료 斗부 · 총10획	헤아리다, 재료 肥料 비료 原料 원료 染料 염료 資料 자료	丶 丷 二 半 米 米 米 料 料
了 마칠 료 了부 · 총14획	마치다 滿了 만료 完了 완료 終了 종료	了 了
僚 동료 료 亻(人)부 · 총14획	동료 閣僚 각료 官僚 관료 同僚 동료 幕僚 막료	丿 亻 亻 伫 伫 伏 伏 依 俠 俠 僚 僚 僚 僚
龍 용 룡 龍부 · 총16획	용 龍鳳 용봉 靑龍 청룡 龍虎相搏 용호상박	丶 亠 亠 立 产 产 奇 育 背 背 龍 龍 龍 龍
屢 여러 루 尸부 · 총14획	여러, 자주 屢代 누대 屢次 누차	丿 尸 尸 尸 尸 屌 屌 屌 居 屌 屢 屢 屢
樓 다락 루 木부 · 총15획	다락 樓閣 누각 樓下 누하 沙上樓閣 사상누각	一 十 才 木 朾 柙 柙 柙 棍 棍 棹 棹 樓 樓
累 묶을 루 糸부 · 총11획	묶다, 쌓이다 累計 누계 累犯 누범 累算 누산 累積 누적	丨 口 曰 田 田 罒 里 累 累 累 累
淚 눈물 루 氵(水)부 · 총11획	눈물 淚誦 누송 淚眼 누안	丶 丶 氵 氵 沪 沪 沪 浐 浐 淚 淚
漏 샐 루 氵(水)부 · 총14획	새다 漏落 누락 漏水 누수 漏泄 누설 漏電 누전	丶 丶 氵 氵 沪 沪 浐 浐 漏 漏 漏 漏 漏 漏
留 머무를 류 田부 · 총10획	머무르다 留級 유급 留念 유념 留意 유의 留學 유학	丶 丶 冖 卯 卯 卯 留 留 留 留

調	고르다, 조정하다	
고를 조 言부 · 총15획	調理 조리 調整 조정 調和 조화 色調 색조	

弔	조상하다	
조상할 조 弓부 · 총4획	弔問 조문 弔喪 조상 謹弔 근조	

燥	마르다	
마를 조 火부 · 총17획	燥濕 조습 燥熱 조열 乾燥 건조	

操	조종하다, 절개	
잡을 조 扌(手)부 · 총16획	操業 조업 操縱 조종 志操 지조	

照	비추다, 문서로 알리다	
비출 조 灬(火)부 · 총13획	照例 조례 照査 조사 對照 대조 參照 참조	

條	조목, 사항	
가지 조 木부 · 총11획	條件 조건 條理 조리 條目 조목 條項 조항	

潮	조수, 일정한 시대의 흐름	
조수 조 氵(水)부 · 총15획	潮水 조수 思潮 사조 風潮 풍조	

租	세금	
세금 조 禾부 · 총10획	租稅 조세 租借 조차	

組	짜다	
짤 조 糸부 · 총11획	組立 조립 組織 조직 組合 조합	

族	겨레, 가족	
겨레 족 方부 · 총11획	族譜 족보 族屬 족속 族長 족장 家族 가족	

足	발	
발 족 足부 · 총7획	足球 족구 四足 사족 手足 수족 充足 충족	

柳	버들
버들 류	柳葉 유엽
木부 · 총9획	柳枝 유지
	花柳界 화류계

一 十 才 木 才 杉 柳 柳 柳

流	흐르다
흐를 류	流配 유배
氵(水)부 · 총10획	流布 유포
	急流 급류
	氣流 기류

丶 丶 氵 氵 浐 浐 浐 流 流

類	무리, 닮다
무리 류	類似 유사
頁부 · 총19획	類型 유형
	分類 분류
	種類 종류

丶 丷 丷 半 米 米 米 米 米 新 新 新 類 類 類 類 類

六	여섯, 6
여섯 륙	六旬 육순
八부 · 총4획	六法 육법
	六書 육서
	六面體 육면체

丶 亠 六 六

陸	뭍, 육지
뭍 륙	陸橋 육교
阝(阜)부 · 총11획	陸路 육로
	着陸 착륙
	大陸 대륙

丶 阝 阝 阝 阡 阼 陟 陸 陸 陸

倫	인륜, 윤리, 도리
인륜 륜	倫理 윤리
亻(人)부 · 총10획	人倫 인륜
	三綱五倫 삼강오륜

丿 亻 亻 价 伶 伶 伶 伶 倫 倫

輪	돌아가다
바퀴 륜	輪姦 윤간
車부 · 총15획	輪番 윤번
	輪作 윤작
	輪廻 윤회

一 一 一 一 百 百 車 車 軒 軒 軒 軻 輪 輪 輪

律	법률, 규정, 규칙
법률 률	律動 율동
彳부 · 총9획	戒律 계율
	規律 규율
	調律 조율

丶 彳 彳 彳 彳 律 律 律 律

栗	밤나무
밤나무 률	栗園 율원
木부 · 총10획	生栗 생률
	黃栗 황률

一 一 一 一 兩 两 西 覀 栗 栗 栗

率	비율, 거느리다
헤아릴 률/거느릴 솔	能率 능률
玄부 · 총11획	比率 비율
	率先 솔선
	率家 솔가

丶 亠 玄 玄 玄 法 法 法 率 率

隆	높다, 융숭하다
클 륭	隆起 융기
阝(阜)부 · 총12획	隆盛 융성
	隆崇 융숭

丶 阝 阝 阝 阝 阼 阼 阼 降 降 隆 隆

制	억제하다, 제어하다
억제할 제	制度 제도 制服 제복 制御 제어 制限 제한
刂(刀)부 · 총8획	

際	사이, 만나다
즈음 제/가	交際 교제 國際 국제 此際 차제
阝(阜)부 · 총14획	

齊	가지런히, 다 같이
가지런할 제	齊家 제가 齊唱 제창 一齊 일제
齊부 · 총14획	

濟	건너다, 구제하다
건널 제	濟度 제도 濟民 제민 救濟 구제
氵(水)부 · 총17획	

兆	조짐
조짐 조	吉兆 길조 前兆 전조 徵兆 징조 凶兆 흉조
儿부 · 총6획	

助	돕다
도울 조	助力 조력 助手 조수 助言 조언 救助 구조
力부 · 총7획	

朝	아침, 조정
아침 조	朝夕 조석 朝廷 조정 朝三暮四 조삼모사
月부 · 총12획	

早	이르다, 새벽
이를 조	早急 조급 早熟 조숙 早失父母 조실부모
日부 · 총6획	

造	짓다, 만들다
지을 조	造林 조림 造成 조성 造形 조형 改造 개조
辶(辵)부 · 총11획	

鳥	새
새 조	鳥類 조류 鳥獸 조수 吉鳥 길조 白鳥 백조
鳥부 · 총11획	

祖	조상, 할아버지
조상 조	祖國 조국 祖母 조모 祖父 조부 祖上 조상
示부 · 총10획	

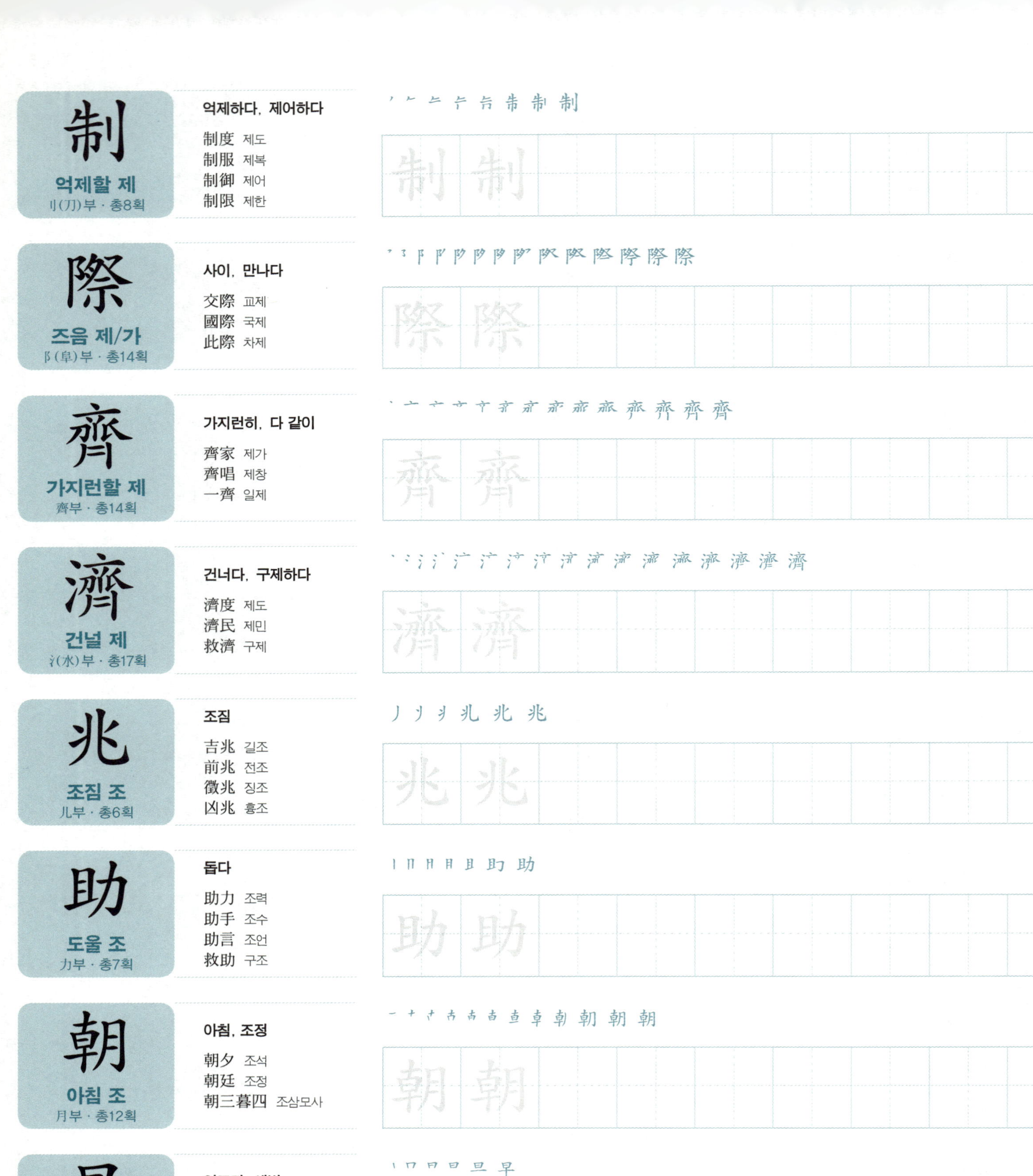

陵 큰 언덕 릉 / ß(阜)부 · 총11획	언덕 陵墓 능묘 陵園 능원 丘陵 구릉
利 이로울 리 / リ(刀)부 · 총7획	이롭다, 날카롭다 利用 이용 利害 이해 權利 권리 銳利 예리
李 오얏 리 / 木부 · 총7획	오얏, 성(姓)의 하나 桃李 도리 李太白 이태백 張三李四 장삼이사
里 마을 리 / 里부 · 총7획	마을 洞里 동리 萬里長城 만리장성 五里霧中 오리무중
理 다스릴 리 / 王(玉)부 · 총11획	다스리다 理念 이념 倫理 윤리 審理 심리 整理 정리
梨 배나무 리 / 木부 · 총11획	배나무 梨花 이화
吏 벼슬아치 리 / 口부 · 총6획	관리 官吏 관리 汚吏 오리
離 떠날 리 / 隹부 · 총18획	떠나다, 떨어지다 離陸 이륙 離別 이별 離脫 이탈 分離 분리
裏 속 리 / 衣부 · 총13획	속 裏面 이면 裏書 이서 腦裏 뇌리 表裏不同 표리부동
履 밟을 리 / 尸부 · 총15획	경험하다, 행하는 바 履歷 이력 履修 이수 履行 이행
隣 이웃 린 / ß(阜)부 · 총15획	이웃하다 隣近 인근 隣接 인접 隣村 인촌

整	가지런할 정	攵(攴)부 · 총16획	가지런하다	整頓 정돈 / 整理 정리 / 整備 정비
弟	아우 제	弓부 · 총7획	아우, 남동생	弟子 제자 / 妹弟 매제 / 師弟 사제 / 義兄弟 의형제
第	차례 제	竹부 · 총11획	차례	及第 급제 / 落第 낙제 / 登第 등제 / 第三者 제삼자
帝	임금 제	巾부 · 총9획	임금	帝王 제왕 / 帝政 제정 / 帝國主義 제국주의
題	표제 제	頁부 · 총18획	표제, 제목	題目 제목 / 題材 제재 / 主題 주제 / 命題 명제
除	덜 제	阝(阜)부 · 총10획	덜다, 나눗셈	除去 제거 / 除名 제명 / 除外 제외 / 除籍 제적
祭	제사 제	示부 · 총11획	제사	祭祀 제사 / 祭典 제전 / 祭主 제주 / 祭香 제향
諸	모두 제	言부 · 총16획	모두	諸國 제국 / 諸君 제군 / 諸子百家 제자백가
製	지을 제	衣부 · 총14획	짓다, 만들다	製鋼 제강 / 製藥 제약 / 製作 제작 / 製造 제조
提	끌 제	扌(手)부 · 총12획	이끌다	提示 제시 / 提案 제안 / 提携 제휴
堤	방죽 제	土부 · 총12획	방죽	堤防 제방 / 堤堰 제언

林 수풀 림 木부 · 총8획	수풀 林野 임야 鷄林 계림 樹林 수림 林產物 임산물	一 十 オ 木 木 村 杆 林
臨 임할 림 臣부 · 총17획	임하다 臨迫 임박 臨床 임상 臨時 임시 臨戰無退 임전무퇴	臨
立 설 립 立부 · 총5획	서다 立憲 입헌 獨立 독립 樹立 수립 中立 중립	立

교육용 한자쓰기 1800

馬 말 마 馬부 · 총10획	말 馬券 마권 競馬 경마 乘馬 승마 駿馬 준마	馬
麻 삼 마 麻부 · 총11획	삼 麻袋 마대 麻雀 마작 麻布 마포	麻
磨 갈 마 石부 · 총16획	갈다, 연마하다 磨滅 마멸 磨耗 마모 鍊磨 연마 切磋琢磨 절차탁마	磨
莫 없을 막 艹(艸)부 · 총11획	없다 莫大 막대 莫逆 막역 莫重 막중 無知莫知 무지막지	莫
幕 막 막 巾부 · 총14획	장막 幕舍 막사 幕下 막하 幕後 막후 天幕 천막	幕
漠 사막 막 氵(水)부 · 총14획	넓다, 아득하다 漠然 막연 茫漠 망막 沙漠 사막	漠
晚 늦을 만 日부 · 총11획	늦다 晚年 만년 晚學 만학 大器晚成 대기만성	晚

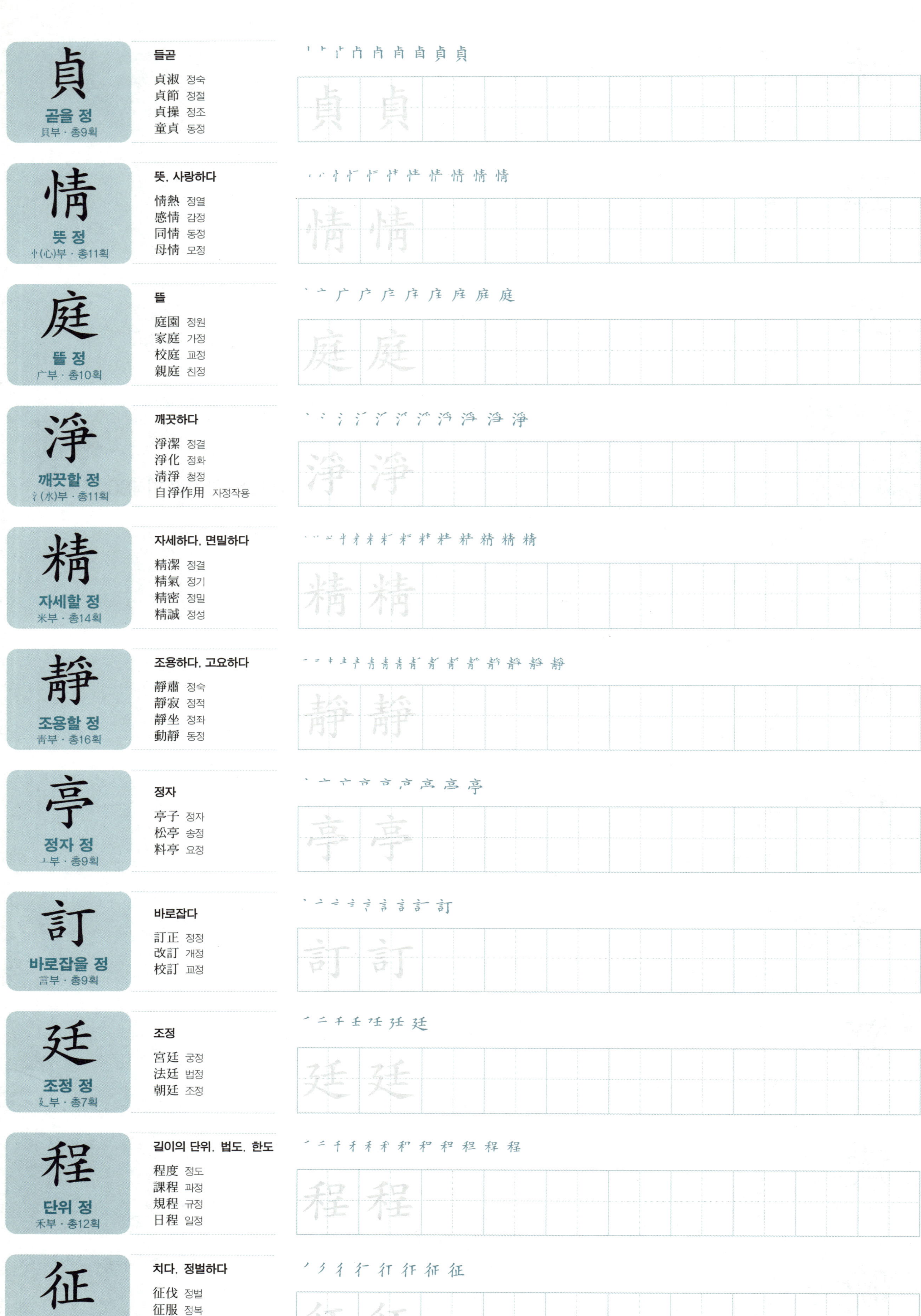

貞 곧을 정
貞부 · 총9획

곧곧

貞淑 정숙
貞節 정절
貞操 정조
童貞 동정

情 뜻 정
忄(心)부 · 총11획

뜻, 사랑하다

情熱 정열
感情 감정
同情 동정
母情 모정

庭 뜰 정
广부 · 총10획

뜰

庭園 정원
家庭 가정
校庭 교정
親庭 친정

淨 깨끗할 정
氵(水)부 · 총11획

깨끗하다

淨潔 정결
淨化 정화
淸淨 청정
自淨作用 자정작용

精 자세할 정
米부 · 총14획

자세하다, 면밀하다

精潔 정결
精氣 정기
精密 정밀
精誠 정성

靜 조용할 정
靑부 · 총16획

조용하다, 고요하다

靜肅 정숙
靜寂 정적
靜坐 정좌
動靜 동정

亭 정자 정
亠부 · 총9획

정자

亭子 정자
松亭 송정
料亭 요정

訂 바로잡을 정
言부 · 총9획

바로잡다

訂正 정정
改訂 개정
校訂 교정

廷 조정 정
廴부 · 총7획

조정

宮廷 궁정
法廷 법정
朝廷 조정

程 단위 정
禾부 · 총12획

길이의 단위, 법도, 한도

程度 정도
課程 과정
規程 규정
日程 일정

征 칠 정
彳부 · 총8획

치다, 정벌하다

征伐 정벌
征服 정복
遠征 원정
出征 출정

滿	차다	
찰 만 氵(水)부 · 총14획	滿了 만료 滿朔 만삭 滿點 만점 充滿 충만	滿 滿

萬	일만	
일만 만 艹(艸)부 · 총13획	萬感 만감 萬能 만능 千辛萬苦 천신만고	萬 萬

漫	퍼지다	
퍼질 만 氵(水)부 · 총14획	漫然 만연 漫醉 만취 漫評 만평	漫 漫

慢	느리다, 거만하다	
게으를 만 忄(心)부 · 총14획	慢性 만성 驕慢 교만 傲慢 오만	慢 慢

末	끝	
끝 말 木부 · 총5획	末期 말기 末年 말년 末端 말단 末葉 말엽	末 末

亡	망하다, 달아나다, 죽다	
망할 망 亠부 · 총3획	亡國 망국 逃亡 도망 興亡盛衰 흥망성쇠	亡 亡

忙	바쁘다	
바쁠 망 忄(心)부 · 총6획	奔忙 분망 公私多忙 공사다망	忙 忙

忘	잊다	
잊을 망 心부 · 총7획	忘却 망각 健忘症 건망증 背恩忘德 배은망덕	忘 忘

望	바라다, 바라보다	
바랄 망 月부 · 총11획	可望 가망 所望 소망 熱望 열망 慾望 욕망	望 望

茫	아득하다	
아득할 망 艹(艸)부 · 총10획	茫漠 망막 茫然 망연	茫 茫

妄	망령되다	
망령될 망 女부 · 총6획	妄動 망동 妄想 망상 妄言 망언 妄發 망발	妄 妄

點	점	
점 점 黑부·총17획	點火 점화 缺點 결점 評點 평점	丶丨冂冃甲里黒黒黒黒點點點點點

漸	점차로	
점점 점 氵(水)부·총14획	漸滅 점멸 漸進 점진 漸次 점차	丶冫氵沪沪沪沪沪漸漸漸漸漸

接	사귀다, 대접하다, 잇다	
사귈 접 扌(手)부·총11획	接見 접견 接續 접속 接受 접수 接觸 접촉	一十扌扩扩护护护按接接

蝶	나비	
나비 접 虫부·총15획	蝶泳 접영 胡蝶 호접	丶丨口中虫虫虫虫虫蝶蝶蝶蝶蝶蝶

丁	고무래, 장정	
고무래 정 一부·총2획	丁男 정남 丁年 정년 丁銀 정은	一丁

停	머무르다, 멈추다	
머무를 정 亻(人)부·총11획	停電 정전 停止 정지 停學 정학	丿亻亻亻亻停停停停停停

定	정하다, 결정하다	
정할 정 宀부·총8획	定價 정가 定義 정의 定限 정한 定足數 정족수	丶丷宀宀宀宁定定

頂	정수리	
정수리 정 頁부·총11획	頂上 정상 登頂 등정 山頂 산정 絶頂 절정	一丁丁丁丁丁頂頂頂頂頂

井	우물	
우물 정 二부·총4획	天井 천정 井華水 정화수 市井雜輩 시정잡배	一二尹井

正	바르다, 떳떳하다	
바를 정 止부·총5획	正直 정직 正義 정의 正統 정통 正確 정확	一丁下正正

政	정사, 정치	
정사 정 攵(攴)부·총9획	政權 정권 政府 정부 政治 정치 臨時政府 임시정부	一丁下正正政政政政

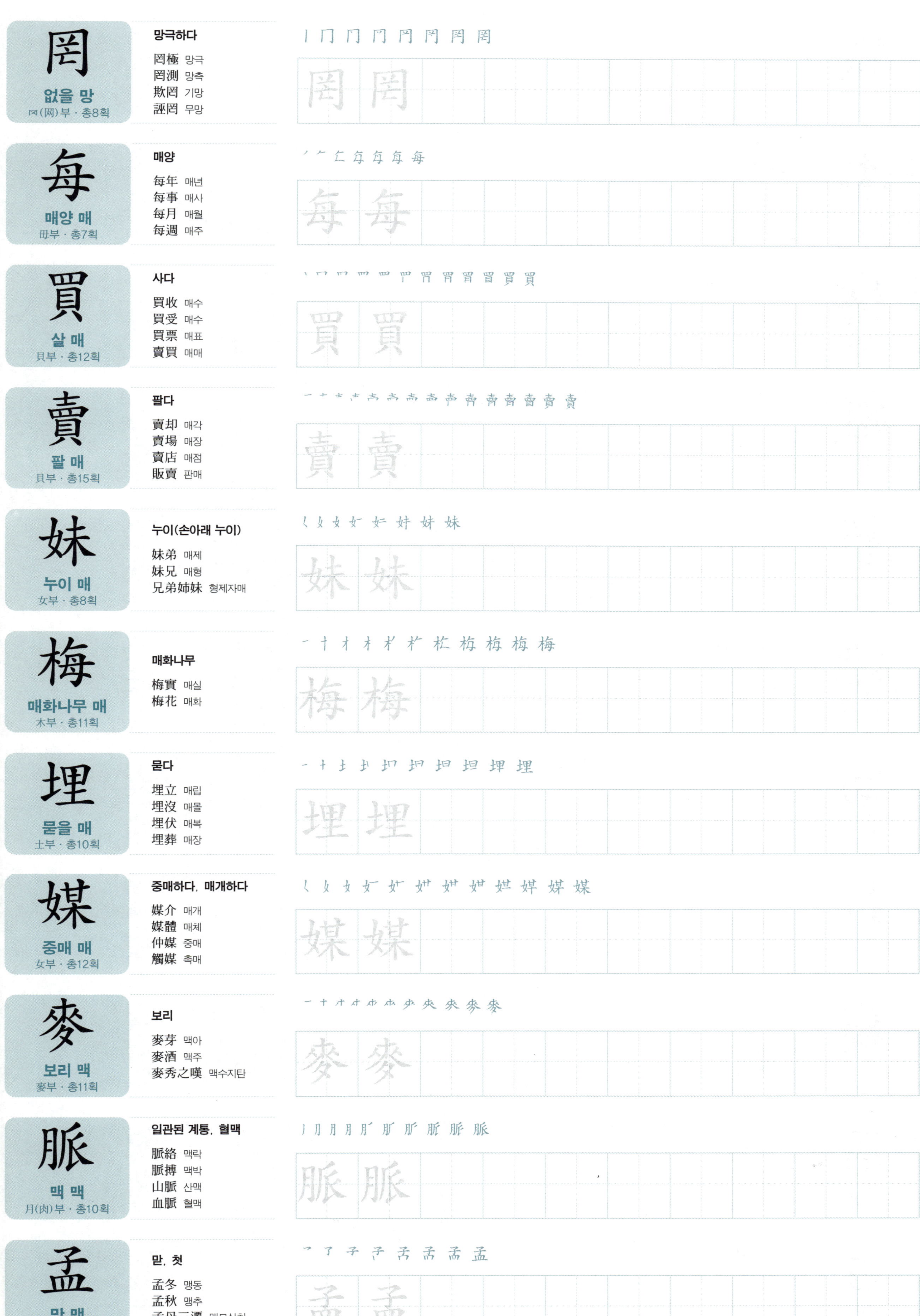

罔 없을 망 网(罒)부 · 총8획	망극하다 罔極 망극 罔測 망측 欺罔 기망 誣罔 무망
每 매양 매 毋부 · 총7획	매양 每年 매년 每事 매사 每月 매월 每週 매주
買 살 매 貝부 · 총12획	사다 買收 매수 買受 매수 買票 매표 賣買 매매
賣 팔 매 貝부 · 총15획	팔다 賣却 매각 賣場 매장 賣店 매점 販賣 판매
妹 누이 매 女부 · 총8획	누이(손아래 누이) 妹弟 매제 妹兄 매형 兄弟姉妹 형제자매
梅 매화나무 매 木부 · 총11획	매화나무 梅實 매실 梅花 매화
埋 묻을 매 土부 · 총10획	묻다 埋立 매립 埋沒 매몰 埋伏 매복 埋葬 매장
媒 중매 매 女부 · 총12획	중매하다, 매개하다 媒介 매개 媒體 매체 仲媒 중매 觸媒 촉매
麥 보리 맥 麥부 · 총11획	보리 麥芽 맥아 麥酒 맥주 麥秀之嘆 맥수지탄
脈 맥 맥 月(肉)부 · 총10획	일관된 계통, 혈맥 脈絡 맥락 脈搏 맥박 山脈 산맥 血脈 혈맥
孟 맏 맹 子부 · 총8획	맏, 첫 孟冬 맹동 孟秋 맹추 孟母三遷 맹모삼천

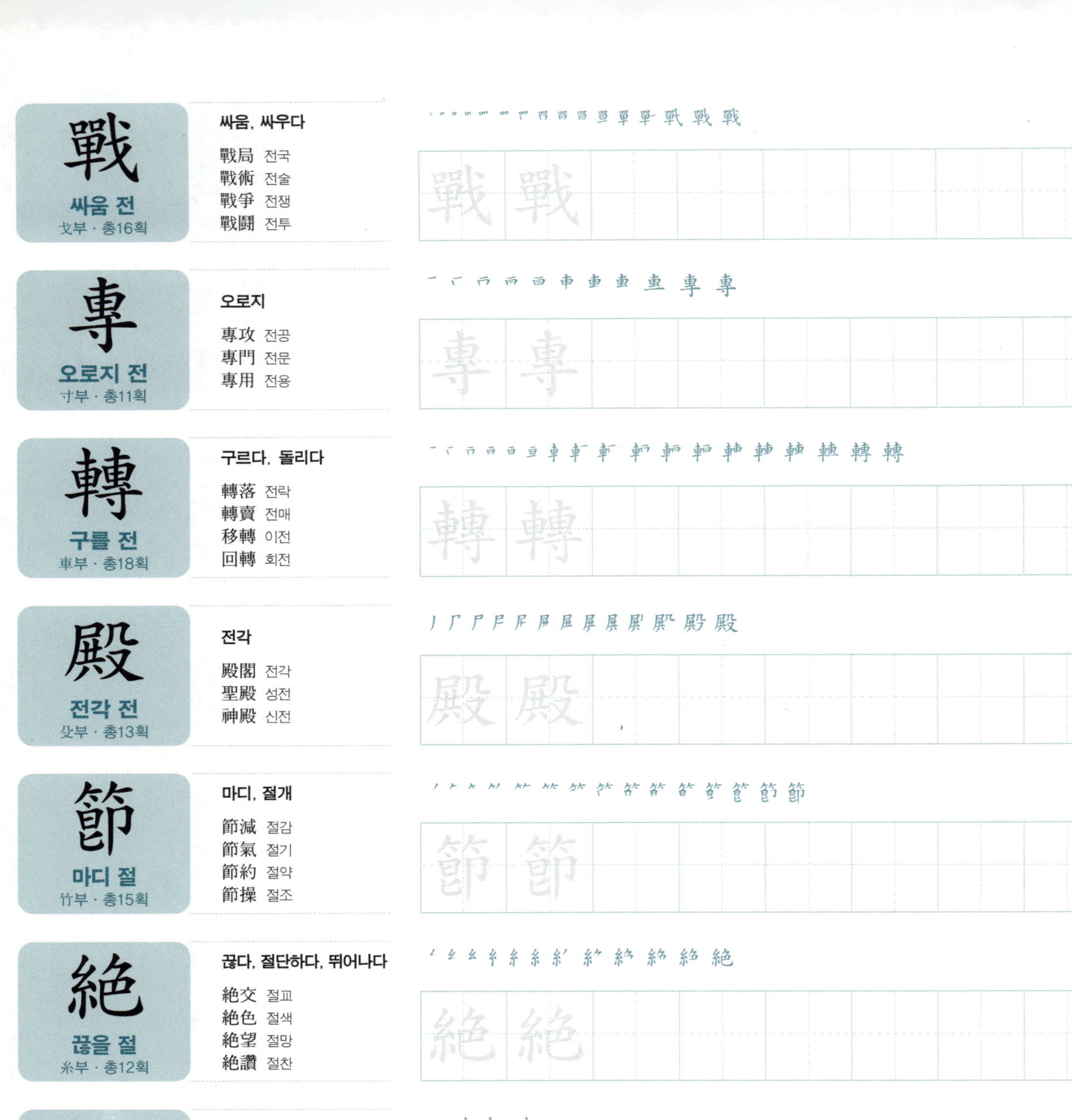

戰 싸움 전 戈部 · 총16획	싸움, 싸우다 戰局 전국 戰術 전술 戰爭 전쟁 戰鬪 전투
專 오로지 전 寸部 · 총11획	오로지 專攻 전공 專門 전문 專用 전용
轉 구를 전 車部 · 총18획	구르다, 돌리다 轉落 전락 轉賣 전매 移轉 이전 回轉 회전
殿 전각 전 殳部 · 총13획	전각 殿閣 전각 聖殿 성전 神殿 신전
節 마디 절 竹部 · 총15획	마디, 절개 節減 절감 節氣 절기 節約 절약 節操 절조
絶 끊을 절 糸部 · 총12획	끊다, 절단하다, 뛰어나다 絶交 절교 絶色 절색 絶望 절망 絶讚 절찬
切 끊을 절/온통 체 刀部 · 총4획	끊다, 모두 切斷 절단 切實 절실 一切 일체
折 꺾을 절 扌(手)部 · 총7획	꺾다 折衷 절충 骨折 골절 屈折 굴절
竊 훔칠 절 穴部 · 총22획	훔치다 竊盜 절도 剽竊 표절
店 가게 점 广部 · 총8획	가게 店房 점방 店員 점원 店鋪 점포 本店 본점
占 차지할 점 卜部 · 총5획	차지하다 占據 점거 占術 점술 占有 점유 獨占 독점

猛
사나울 맹
犭(犬)부 · 총11획
사납다
猛攻 맹공
猛獸 맹수
猛威 맹위
猛將 맹장

盟
맹세할 맹
皿부 · 총13획
맹세하다
盟邦 맹방
盟誓 (맹서→)맹세
盟約 맹약
金石盟約 금석맹약

盲
소경 맹
目부 · 총8획
눈멀다
盲目 맹목
盲啞 맹아
盲從 맹종

免
면할 면
儿부 · 총7획
면하다
免稅 면세
免除 면제
免罪符 면죄부
免責特權 면책특권

面
낯 면
面부 · 총9획
낯, 얼굴
面談 면담
面積 면적
面接 면접
鐵面皮 철면피

眠
잠잘 면
目부 · 총10획
잠자다
冬眠 동면
熟眠 숙면
休眠 휴면
不眠症 불면증

勉
힘쓸 면
力부 · 총9획
힘쓰다, 북돋우다, 열심히 하다
勤勉 근면
勉學 면학

綿
솜 면
糸부 · 총14획
솜, 이어지다
綿毛 면모
綿密 면밀
綿織 면직

滅
멸망할 멸
氵(水)부 · 총13획
멸망하다
滅裂 멸렬
滅亡 멸망
滅種 멸종
全滅 전멸

名
이름 명
口부 · 총6획
이름
名曲 명곡
名目 명목
名門 명문
名物 명물

命
목숨 명
口부 · 총8획
목숨, 명령
命令 명령
使命 사명
生命 생명
非命橫死 비명횡사

蹟 자취 적 足부 · 총18획	자취, 지나간 자국 古蹟 고적 史蹟 사적 遺蹟 유적
積 쌓을 적 禾부 · 총16획	쌓다 積立 적립 積善 적선 積載 적재 見積 견적
績 길쌈할 적 糸부 · 총17획	실을 낳다, 쌓다 功績 공적 紡績 방적 成績 성적
田 밭 전 田부 · 총5획	밭 田畓 전답 田園 전원 我田引水 아전인수
全 온전할 전 人부 · 총6획	온전하다, 모두 全般 전반 全部 전부 全滅 전멸 完全 완전
典 법 전 八부 · 총8획	법, 책 典禮 전례 典型 전형 經典 경전 辭典 사전
前 앞 전 刂(刀)부 · 총9획	앞, 먼저 前生 전생 前後 전후 前代未聞 전대미문
展 펼 전 尸부 · 총10획	펴다 展示 전시 展望 전망 發展 발전 進展 진전
傳 전할 전 亻(人)부 · 총13획	전하다 傳達 전달 傳說 전설 傳送 전송 傳染 전염
電 번개 전 雨부 · 총13획	번개 電擊 전격 電力 전력 電報 전보 電信 전신
錢 돈 전 金부 · 총16획	돈 錢糧 전량 錢主 전주 金錢 금전 銅錢 동전

明 밝을 명 日부 · 총8획	밝다, 깨끗하다 明示 명시 明暗 명암 發明 발명 辯明 변명	丨 冂 冂 日 日 旫 明 明 明
鳴 울 명 鳥부 · 총14획	울다 鳴琴 명금 鳴笛 명적 自鳴鐘 자명종	丨 冂 冋 口' 叩 叩 唣 唣 鳴 鳴 鳴 鳴 鳴 鳴
銘 새길 명 金부 · 총14획	새기다 銘心 명심 銘佩 명패 碑銘 비명 座右銘 좌우명	丿 亽 숙 牟 牟 余 金 釒 釕 鈩 鈫 銘 銘 銘
冥 어두울 명 冖부 · 총10획	어둡다 冥福 명복	丶 冖 冖 冝 冝 冒 冒 冥 冥 冥
母 어미 모 毋부 · 총5획	어미 母親 모친 産母 산모 乳母 유모 學父母 학부모	乚 口 口 母 母
毛 털 모 毛부 · 총4획	털, 터럭 毛髮 모발 毛根 모근 九牛一毛 구우일모	丿 二 三 毛
暮 저물 모 日부 · 총15획	저물다 暮景 모경 暮秋 모추 朝三暮四 조삼모사	丶 丷 艹 艹 艹 苎 苎 莒 莫 莫 莫 莫 暮 暮 暮
某 아무개 모 木부 · 총9획	아무개, 어느 某時 모시 某氏 모씨 某月 모월 某種 모종	一 十 廿 甘 甘 甘 芇 某 某
謀 꾀할 모 言부 · 총16획	꾀하다 謀略 모략 謀免 모면 謀反 모반 謀議 모의	丶 二 亠 言 言 言 言 訃 詛 詛 詛 詳 詳 謀 謀
模 본뜰 모 木부 · 총15획	본뜨다 模倣 모방 模範 모범 模樣 모양 模造 모조	一 十 オ 木 木' 木' 杧 枮 柑 栲 槹 槹 模 模
貌 얼굴 모 豸부 · 총14획	얼굴, 모양 變貌 변모 外貌 외모 容貌 용모	丶 丷 丷 豸 豸 豸' 豸' 豸勺 貇 貇 貇 貌 貌

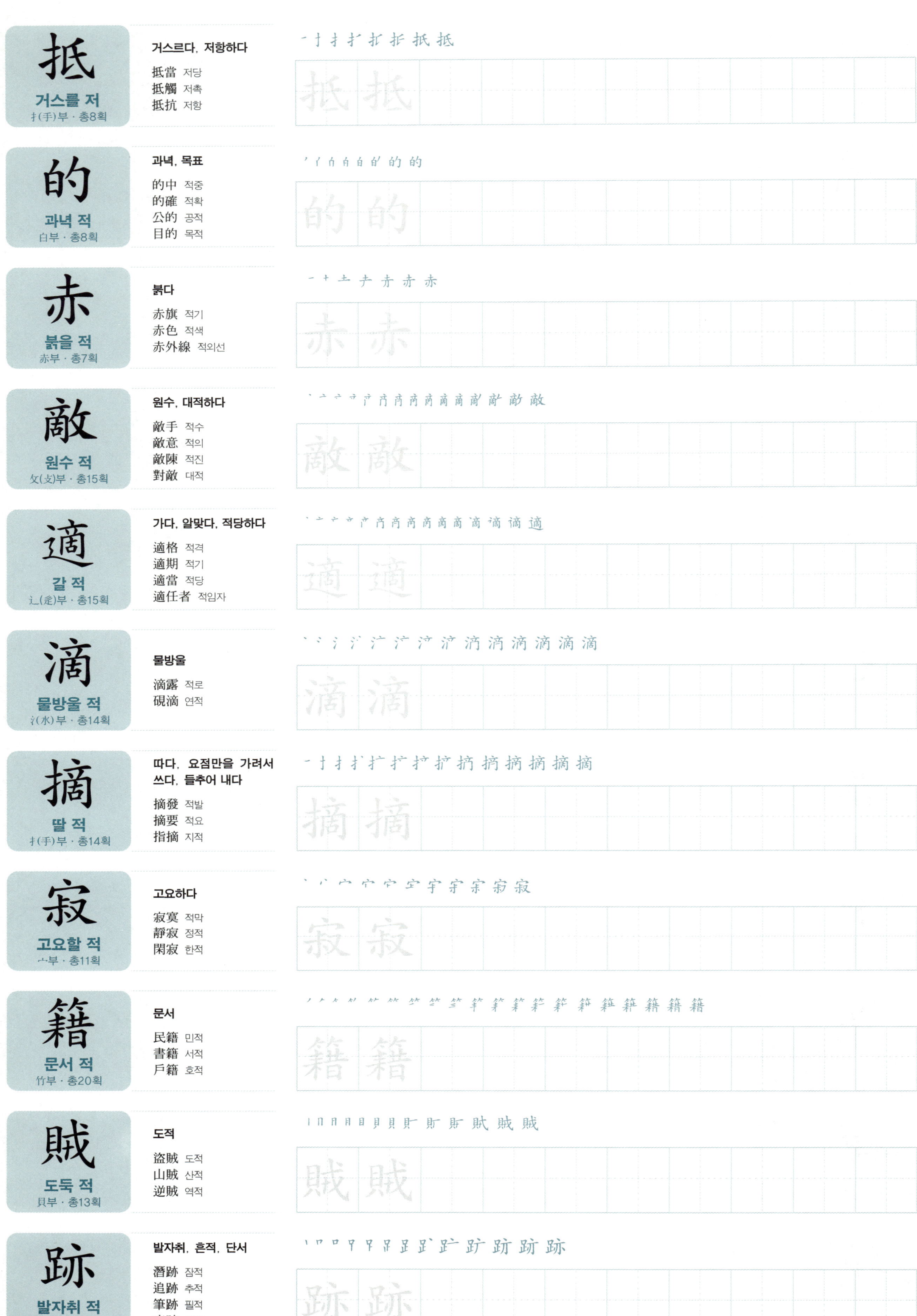

抵 거스를 저 扌(手)부 · 총8획	거스르다, 저항하다 抵當 저당 抵觸 저촉 抵抗 저항
的 과녁 적 白부 · 총8획	과녁, 목표 的中 적중 的確 적확 公的 공적 目的 목적
赤 붉을 적 赤부 · 총7획	붉다 赤旗 적기 赤色 적색 赤外線 적외선
敵 원수 적 攵(攴)부 · 총15획	원수, 대적하다 敵手 적수 敵意 적의 敵陳 적진 對敵 대적
適 갈 적 辶(辵)부 · 총15획	가다, 알맞다, 적당하다 適格 적격 適期 적기 適當 적당 適任者 적임자
滴 물방울 적 氵(水)부 · 총14획	물방울 滴露 적로 硯滴 연적
摘 딸 적 扌(手)부 · 총14획	따다, 요점만을 가려서 쓰다, 들추어 내다 摘發 적발 摘要 적요 指摘 지적
寂 고요할 적 宀부 · 총11획	고요하다 寂寞 적막 靜寂 정적 閑寂 한적
籍 문서 적 竹부 · 총20획	문서 民籍 민적 書籍 서적 戶籍 호적
賊 도둑 적 貝부 · 총13획	도적 盜賊 도적 山賊 산적 逆賊 역적
跡 발자취 적 足부 · 총13획	발자취, 흔적, 단서 潛跡 잠적 追跡 추적 筆跡 필적 痕跡 흔적

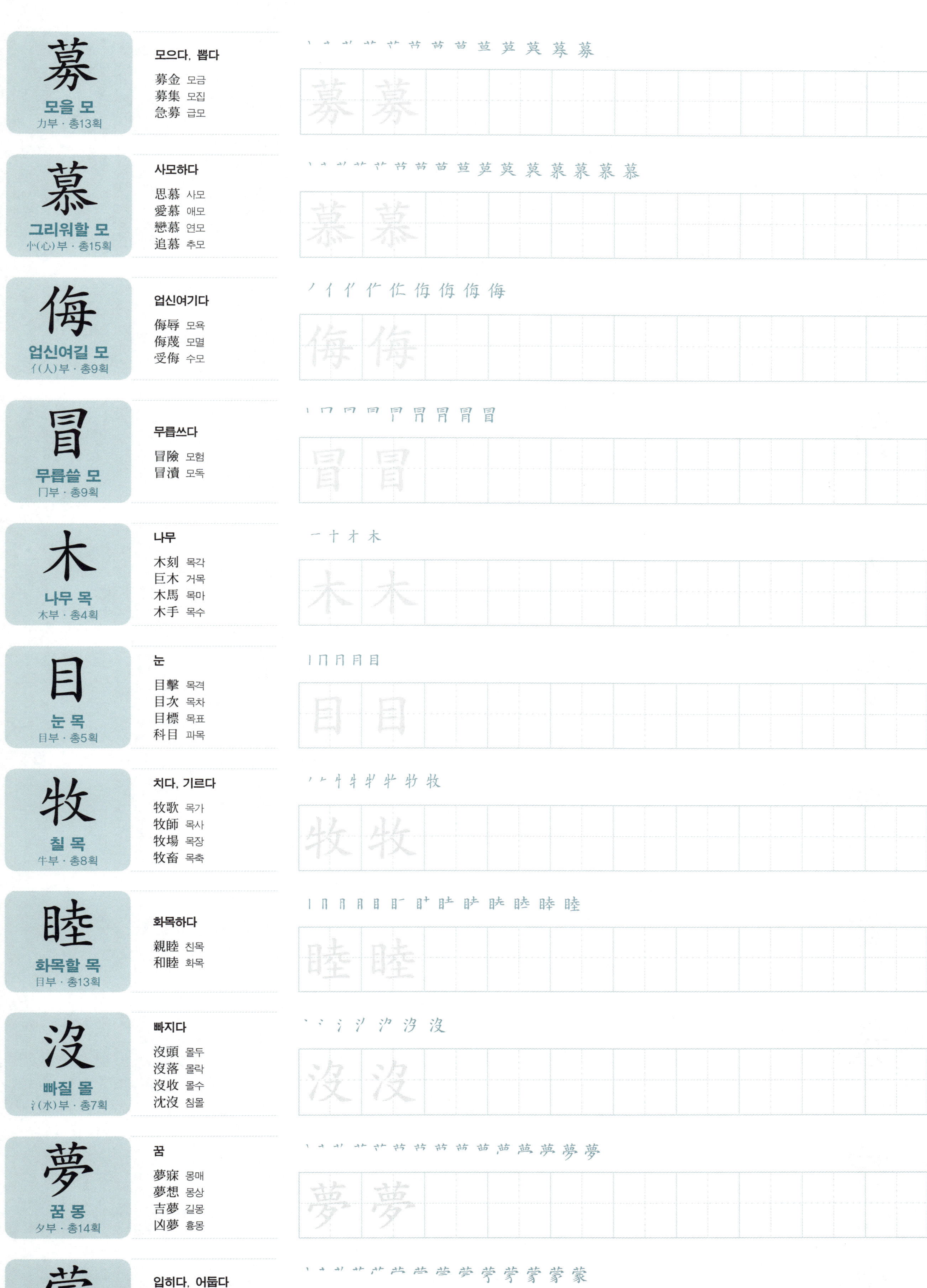

募	모으다, **뽑다**		
모을 모	募金 모금	募集 모집	急募 급모
力부 · 총13획			

慕	사모하다		
그리워할 모	思慕 사모	愛慕 애모	戀慕 연모
忄(心)부 · 총15획	追慕 추모		

侮	업신여기다		
업신여길 모	侮辱 모욕	侮蔑 모멸	受侮 수모
亻(人)부 · 총9획			

冒	무릅쓰다		
무릅쓸 모	冒險 모험	冒瀆 모독	
冂부 · 총9획			

木	나무		
나무 목	木刻 목각	巨木 거목	木馬 목마
木부 · 총4획	木手 목수		

目	눈		
눈 목	目擊 목격	目次 목차	目標 목표
目부 · 총5획	科目 과목		

牧	치다, 기르다		
칠 목	牧歌 목가	牧師 목사	牧場 목장
牛부 · 총8획	牧畜 목축		

睦	화목하다		
화목할 목	親睦 친목	和睦 화목	
目부 · 총13획			

沒	빠지다		
빠질 몰	沒頭 몰두	沒落 몰락	沒收 몰수
氵(水)부 · 총7획	沈沒 침몰		

夢	꿈		
꿈 몽	夢寐 몽매	夢想 몽상	吉夢 길몽
夕부 · 총14획	凶夢 흉몽		

蒙	입히다, 어둡다		
입을 몽	蒙利 몽리	蒙恩 몽은	啓蒙 계몽
⺿(艸)부 · 총14획			

再

두 재
冂부 · 총6획

거듭, 두(둘)

再開 재개
再考 재고
再生 재생
再演 재연

一 丁 冂 丙 再 再

哉

어조사 재
口부 · 총9획

어조사

哉生魄 재생백
嗚呼痛哉 오호통재

一 十 土 吉 吉 哉 哉 哉

災

재앙 재
火부 · 총7획

재앙

災難 재난
災殃 재앙
災害 재해
罹災 이재

一 巛 巛 巛 巛 災 災

裁

마를 재
衣부 · 총12획

마름질하다, 헤아리다

裁可 재가
裁斷 재단
裁量 재량
決裁 결재

一 十 土 土 吉 寺 栽 栽 裁 裁 裁

載

실을 재
車부 · 총13획

싣다, 쌓다

揭載 게재
記載 기재
連載 연재
積載 적재

一 十 土 吉 吉 吉 言 直 車 載 載 載

宰

재상 재
宀부 · 총10획

재상

宰相 재상
主宰 주재

丶 宀 宀 宀 宀 宰 宰 宰 宰 宰

爭

다툴 쟁
爫(爪)부 · 총8획

다투다

爭奪 쟁탈
爭取 쟁취
戰爭 전쟁
競爭 경쟁

爫 爫 爫 爫 爭 爭 爭 爭

著

나타날 저
艹(艸)부 · 총13획

나타나다

著者 저자
著作 저작
著書 저서
編著 편저

丶 艹 艹 艹 艹 艹 芝 莘 莘 著 著 著

底

밑 저
广부 · 총8획

밑, 밑바닥

底力 저력
底邊 저변
底意 저의
基底 기저

丶 二 广 户 庐 庐 底 底

貯

쌓을 저
貝부 · 총12획

쌓다

貯金 저금
貯藏 저장
貯蓄 저축
貯炭 저탄

丨 冂 冂 目 目 貝 貝 貯 貯 貯 貯 貯

底

바닥 저
广부 · 총8획

밑, 바닥

底力 저력
底意 저의
基底 기저
徹底 철저

丶 二 广 户 庐 庐 底 底

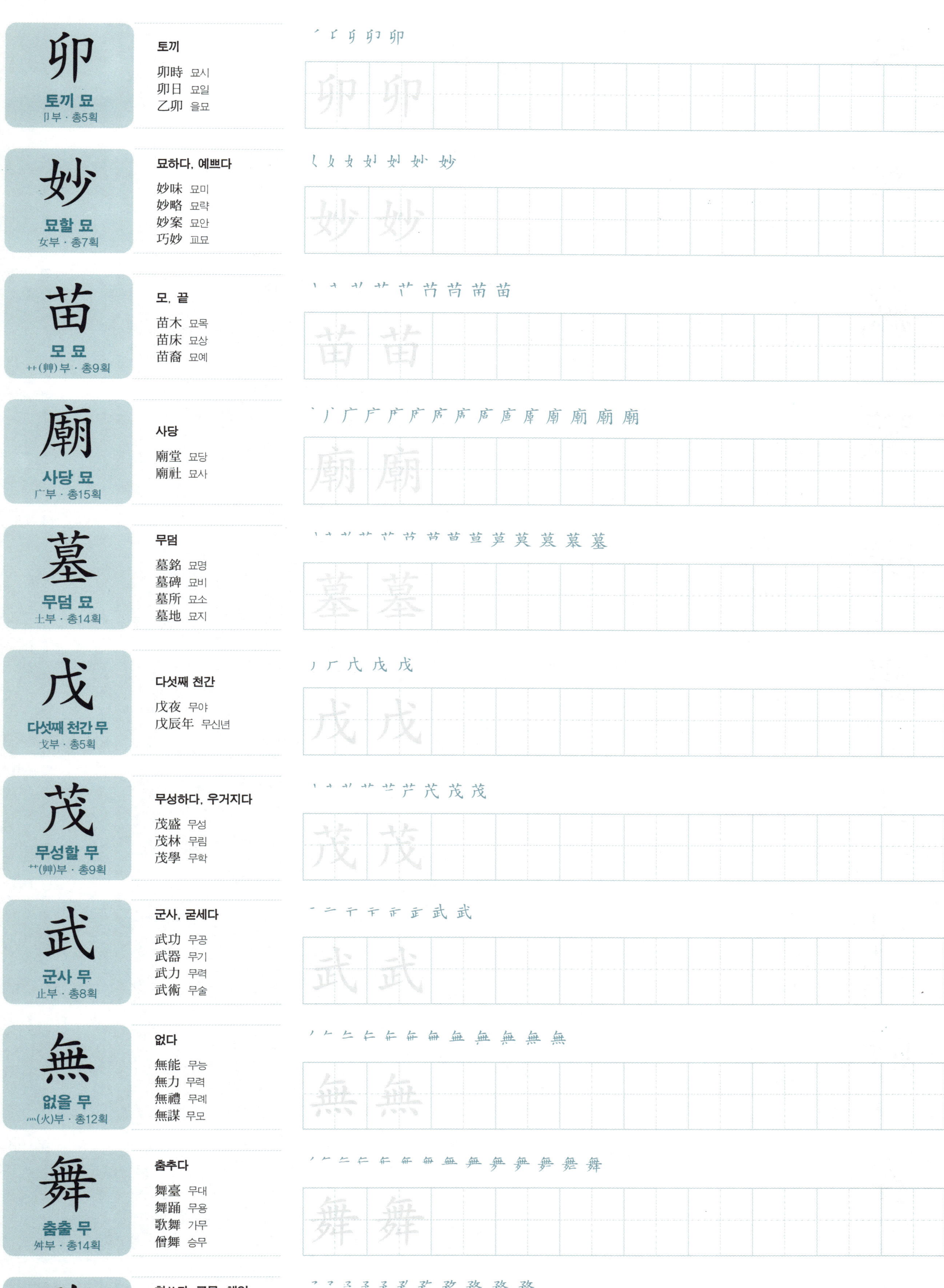

卯
토끼 묘
卩부 · 총5획
토끼
卯時 묘시
卯日 묘일
乙卯 을묘

妙
묘할 묘
女부 · 총7획
묘하다, 예쁘다
妙味 묘미
妙略 묘략
妙案 묘안
巧妙 교묘

苗
모 묘
艹(艸)부 · 총9획
모, 끝
苗木 묘목
苗床 묘상
苗裔 묘예

廟
사당 묘
广부 · 총15획
사당
廟堂 묘당
廟社 묘사

墓
무덤 묘
土부 · 총14획
무덤
墓銘 묘명
墓碑 묘비
墓所 묘소
墓地 묘지

戊
다섯째 천간 무
戈부 · 총5획
다섯째 천간
戊夜 무야
戊辰年 무신년

茂
무성할 무
艹(艸)부 · 총9획
무성하다, 우거지다
茂盛 무성
茂林 무림
茂學 무학

武
군사 무
止부 · 총8획
군사, 굳세다
武功 무공
武器 무기
武力 무력
武術 무술

無
없을 무
灬(火)부 · 총12획
없다
無能 무능
無力 무력
無禮 무례
無謀 무모

舞
춤출 무
舛부 · 총14획
춤추다
舞臺 무대
舞踊 무용
歌舞 가무
僧舞 승무

務
힘쓸 무
力부 · 총11획
힘쓰다, 근무, 책임
激務 격무
勞務 노무
服務 복무
實務 실무

단장할 장 · 米부 · 총12획

단장하다
粧刀 장도
丹粧 단장
化粧 화장

손바닥 장 · 手부 · 총12획

손바닥
掌匣 장갑
掌握 장악
管掌 관장
合掌 합장

감출 장 · ++(艸)부 · 총18획

감추다
藏書 장서
埋藏 매장
貯藏 저장

내장 장 · 月(肉)부 · 총22획

내장
肝臟 간장
脾臟 비장
腎臟 신장
心臟 심장

가로막을 장 · 阝(阜)부 · 총14획

막다. 장애
障壁 장벽
障碍 장애
故障 고장

창자 장 · 月(肉)부 · 총13획

창자
腸液 장액
腸炎 장염
胃腸 위장

재주 재 · 扌(手)부 · 총3획

재주
才能 재능
才談 재담
才智 재지
天才 천재

재목 재 · 木부 · 총7획

재목
材料 재료
材木 재목
材質 재질
木材 목재

재물 재 · 貝부 · 총10획

재물
財界 재계
財團 재단
財物 재물
財產 재산

있을 재 · 土부 · 총6획

있다
在京 재경
在野 재야
在職 재직
在學 재학

심을 재 · 木부 · 총10획

심다
栽培 재배
植栽 식재

貿 **바꿀 무** 貝부 · 총12획	**바꾸다, 무역하다** 貿易 무역 貿易風 무역풍	
霧 **안개 무** 雨부 · 총19획	**안개** 霧散 무산 濃霧 농무 五里霧中 오리무중	
墨 **먹 묵** 土부 · 총15획	**먹** 白墨 백묵 水墨畵 수묵화	
默 **묵묵할 묵** 黑부 · 총16획	**묵묵하다** 默過 묵과 默想 묵상 默認 묵인	`丶 冂 冂 冃 日 目 里 里 黑 黑 黑 黑 點 默 默 默`
文 **글월 문** 文부 · 총4획	**글월** 文盲 문맹 文法 문법 文藝 문예 文體 문체	`丶 亠 ナ 文`
門 **문 문** 門부 · 총8획	**문** 家門 가문 入門 입문 門外漢 문외한	`丨 冂 冂 門 門 門 門 門`
問 **물을 문** 口부 · 총11획	**묻다** 問答 문답 問題 문제 問責 문책 檢問 검문	`丨 冂 冂 門 門 門 門 問 問 問`
聞 **들을 문** 耳부 · 총14획	**듣다** 見聞 견문 新聞 신문 今始初聞 금시초문	`丨 冂 冂 門 門 門 門 門 問 問 問 聞 聞 聞`
勿 **말 물** 勹부 · 총4획	**말다, 마라** 勿驚 물경 勿禁 물금 勿論 물론	`丿 勹 勹 勿`
物 **물건 물** 牛부 · 총8획	**물건** 物權 물권 物慾 물욕 物質 물질 物體 물체	`丿 丬 牛 牜 牜 物 物 物`
米 **쌀 미** 米부 · 총6획	**쌀** 米穀 미곡 白米 백미 供養米 공양미	`丶 丷 一 半 米 米`

場 마당 장 土부 · 총12획	마당 場所 장소 市場 시장 野球場 야구장
將 장수 장 寸부 · 총11획	장수, 장차 將校 장교 將來 장래 將帥 장수 將次 장차
壯 씩씩할 장 土부 · 총7획	씩씩하다, 장하다 壯大 장대 壯談 장담 壯烈 장렬 健壯 건장
丈 어른 장 一부 · 총3획	어른 丈母 장모 丈夫 장부 丈人 장인
張 베풀 장 弓부 · 총11획	베풀다 誇張 과장 伸張 신장 主張 주장
帳 휘장 장 巾부 · 총11획	휘장, 장부 帳簿 장부 記帳 기장 通帳 통장
莊 장중할 장 ++(艸)부 · 총11획	장엄하다, 별장 莊嚴 장엄 莊重 장중 別莊 별장 山莊 산장
裝 꾸밀 장 衣부 · 총13획	꾸미다, 장식하다 裝備 장비 裝飾 장식 裝置 장치 服裝 복장
奬 장려할 장 大부 · 총14획	장려하다 奬勵 장려 勸奬 권장 奬學金 장학금
墻 담 장 土부 · 총16획	담, 경계 墻內 장내
葬 장사지낼 장 ++(艸)부 · 총13획	장사지내다 葬禮 장례 葬事 장사 葬地 장지 合葬 합장

未
아닐 미
木부 · 총5획

아니다
未納 미납
未達 미달
未滿 미만
未婚 미혼

美
아름다울 미
羊부 · 총9획

아름답다
美男 미남
美女 미녀
美德 미덕
美國 미국

味
맛 미
口부 · 총8획

맛
甘味 감미
妙味 묘미
別味 별미
吟味 음미

尾
꼬리 미
尸부 · 총7획

꼬리
末尾 말미
後尾 후미
龍頭蛇尾 용두사미

迷
미혹할 미
辶(辵)부 · 총10획

미혹하다
迷宮 미궁
迷路 미로
迷信 미신
迷惑 미혹

微
작을 미
彳부 · 총13획

작다
微動 미동
微力 미력
微妙 미묘

眉
눈썹 미
目부 · 총9획

눈썹
眉間 미간
眉目 미목
眉月 미월

民
백성 민
氏부 · 총5획

백성
民間 민간
民謠 민요
民泊 민박
民衆 민중

敏
민첩할 민
攵(攴)부 · 총11획

민첩하다
敏感 민감
敏腕 민완
敏捷 민첩
英敏 영민

憫
근심할 민
忄(心)부 · 총15획

걱정스럽다
憫憫 민망
憐憫 연민

密
빽빽할 밀
宀부 · 총11획

빽빽하다, 비밀
密談 밀담
密使 밀사
密室 밀실
密閉 밀폐

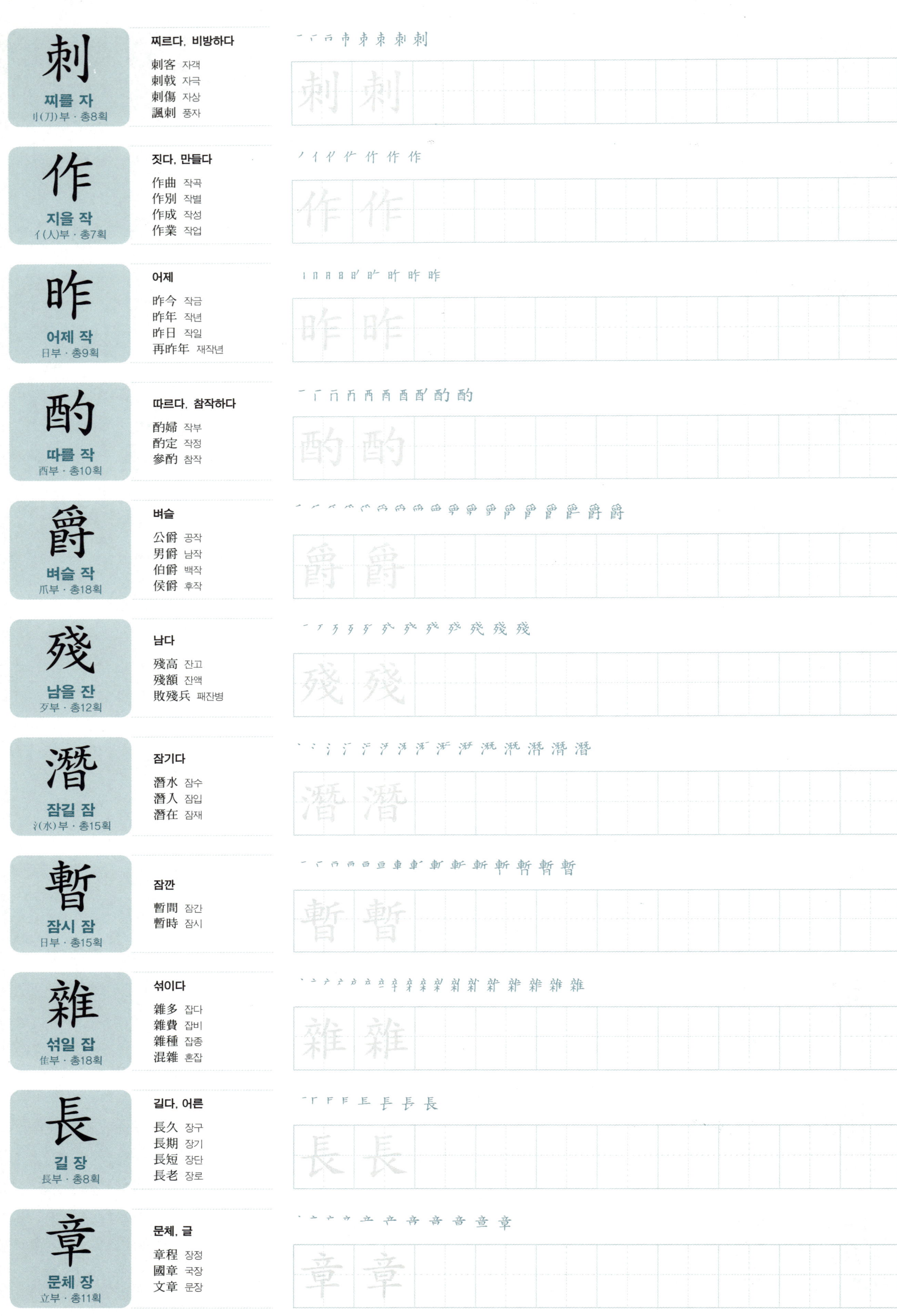

刺	찌를 자 刂(刀)부·총8획	찌르다, 비방하다 刺客 자객 刺戟 자극 刺傷 자상 諷刺 풍자
作	지을 작 亻(人)부·총7획	짓다, 만들다 作曲 작곡 作別 작별 作成 작성 作業 작업
昨	어제 작 日부·총9획	어제 昨今 작금 昨年 작년 昨日 작일 再昨年 재작년
酌	따를 작 酉부·총10획	따르다, 참작하다 酌婦 작부 酌定 작정 參酌 참작
爵	벼슬 작 爪부·총18획	벼슬 公爵 공작 男爵 남작 伯爵 백작 侯爵 후작
殘	남을 잔 歹부·총12획	남다 殘高 잔고 殘額 잔액 敗殘兵 패잔병
潛	잠길 잠 氵(水)부·총15획	잠기다 潛水 잠수 潛入 잠입 潛在 잠재
暫	잠시 잠 日부·총15획	잠깐 暫間 잠간 暫時 잠시
雜	섞일 잡 隹부·총18획	섞이다 雜多 잡다 雜費 잡비 雜種 잡종 混雜 혼잡
長	길 장 長부·총8획	길다, 어른 長久 장구 長期 장기 長短 장단 長老 장로
章	문체 장 立부·총11획	문체, 글 章程 장정 國章 국장 文章 문장

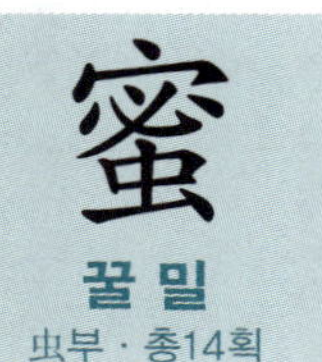

| 蜜
꿀 밀
虫部 · 총14획 | 꿀, 달콤하다

蜜蜂 밀봉
蜜水 밀수
蜜語 밀어
蜜月 밀월 |

| 朴
성 박
木部 · 총6획 | 성(姓)의 하나, 순박하다

朴氏 박씨
素朴 소박
質朴 질박 |

| 泊
머무를 박
氵(水)部 · 총8획 | 머무르다

淡泊 담박
宿泊 숙박
碇泊 정박 |

| 拍
칠 박
扌(手)部 · 총8획 | 치다

拍手 박수
拍子 박자
拍車 박차
拍掌大笑 박장대소 |

| 迫
닥칠 박
辶(辵)部 · 총9획 | 닥치다

迫頭 박두
迫力 박력
迫害 박해
逼迫 핍박 |

| 博
넓을 박
十部 · 총12획 | 넓다, 견문이 넓다

博覽 박람
博物 박물
博士 박사
博識 박식 |

| 薄
엷을 박
艹(艸)部 · 총17획 | 엷다, 적다, 등한하다

薄待 박대
薄命 박명
薄情 박정 |

| 半
절반 반
十部 · 총5획 | 절반, 반

半減 반감
半島 반도
折半 절반
半世紀 반세기 |

| 反
반대 반
又部 · 총4획 | 반대하다, 돌이키다

反擊 반격
反對 반대
反亂 반란
反論 반론 |

| 飯
밥 반
食部 · 총13획 | 밥

飯酒 반주
飯店 반점
白飯 백반
朝飯 조반 |

| 子 | 아들 | | ㄱ 了 子 |
| 아들 자
子부 · 총3획 | 子婦 자부
子息 자식
子正 자정 | | 子 子 |

| 字 | 글자 | | ㆍ ㆍ 宀 宀 宁 字 |
| 글자 자
子부 · 총6획 | 字數 자수
字解 자해
文字 문자
漢字 한자 | | 字 字 |

| 者 | 사람, 놈 | | 一 十 土 少 少 耂 者 者 者 |
| 사람 자
耂(老)부 · 총9획 | 記者 기자
病者 병자
著者 저자
前者 전자 | | 者 者 |

| 自 | 스스로, 자기 | | ㆍ 了 白 白 自 自 |
| 스스로 자
自부 · 총6획 | 自覺 자각
自慢 자만
自然 자연
自律 자율 | | 自 自 |

| 姊 | 손위누이, 누나 | | ㄴ 女 女 女 女 妒 姊 姊 |
| 손위누이 자
女부 · 총8획 | 姊妹 자매
兄弟姊妹 형제자매
姊妹結緣 자매결연 | | 姊 姊 |

| 慈 | 사랑하다 | | ㆍ ㆍ ㆍ 产 玆 玆 姟 姟 玆 玆 慈 慈 慈 |
| 사랑할 자
一부 · 총13획 | 慈悲 자비
慈愛 자애
大慈大悲 대자대비 | | 慈 慈 |

| 玆 | 이, 이에 | | ㆍ 亠 亠 玄 玄 玄 玆 玆 玆 玆 |
| 이 자
玄부 · 총10획 | | | 玆 玆 |

| 紫 | 자주색 | | ㅣ ㅏ ��止 止 此 此 些 紫 紫 紫 |
| 자주빛 자
糸부 · 총11획 | 紫色 자색
紫朱 자주 | | 紫 紫 |

| 資 | 재물, 지위, 바탕 | | ㆍ ㆍ ㆍ 次 次 次 咨 咨 咨 咨 資 資 |
| 재물 자
貝부 · 총13획 | 資格 자격
資金 자금
資源 자원
資質 자질 | | 資 資 |

| 姿 | 맵시, 자태 | | ㆍ ㆍ ㆍ 次 次 次 姿 姿 |
| 맵시 자
女부 · 총9획 | 姿色 자색
姿勢 자세
姿態 자태
雄姿 웅자 | | 姿 姿 |

| 恣 | 제멋대로이다 | | ㆍ ㆍ ㆍ 次 次 次 次 恣 恣 |
| 방자할 자
心부 · 총10획 | 恣意 자의
恣逸 자일
恣行 자행
放恣 방자 | | 恣 恣 |

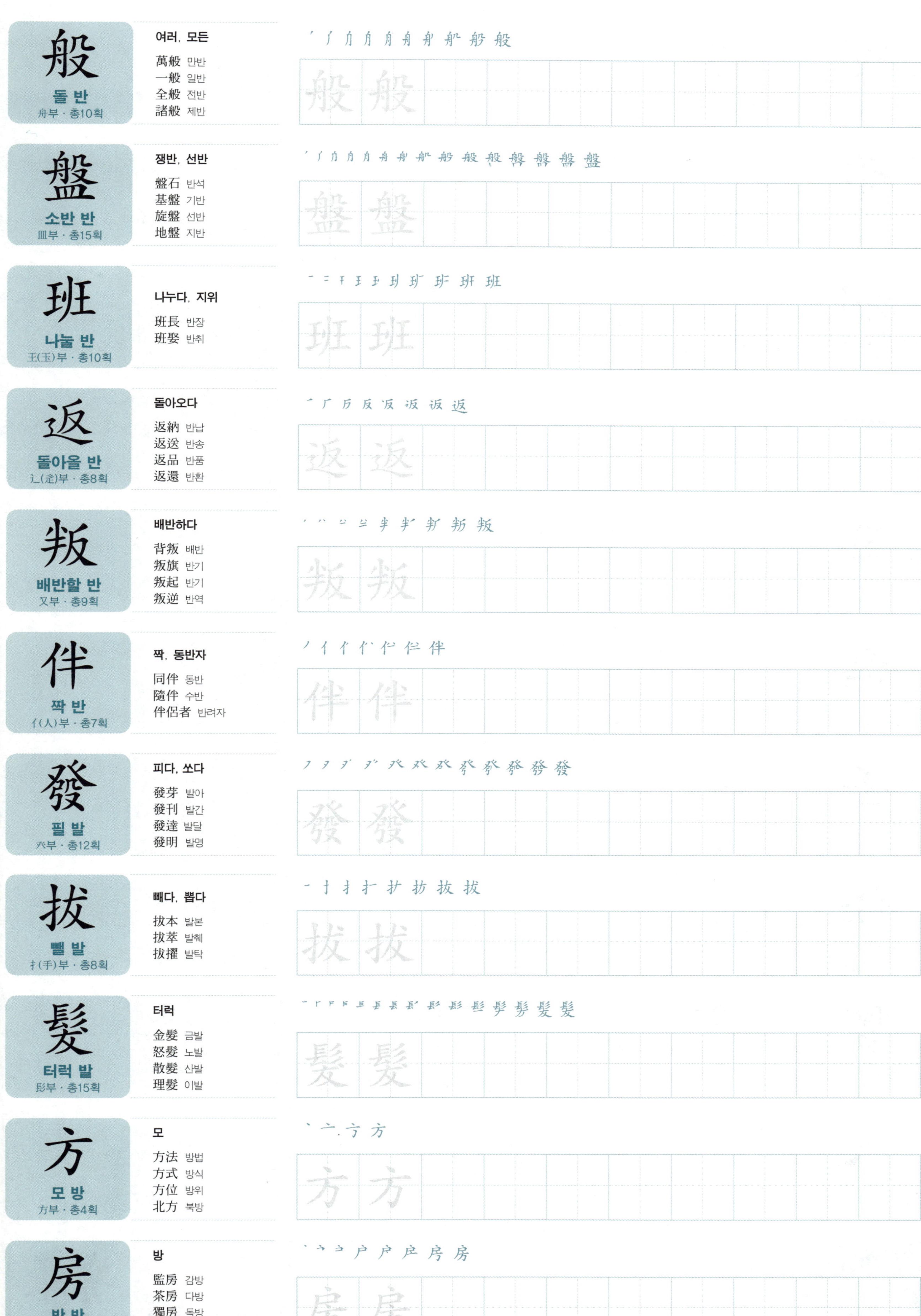

般	돌 반	舟부 · 총10획	여러, 모든	萬般 만반 / 一般 일반 / 全般 전반 / 諸般 제반
盤	소반 반	皿부 · 총15획	쟁반, 선반	盤石 반석 / 基盤 기반 / 旋盤 선반 / 地盤 지반
班	나눌 반	王(玉)부 · 총10획	나누다, 지위	班長 반장 / 班娶 반취
返	돌아올 반	辶(辵)부 · 총8획	돌아오다	返納 반납 / 返送 반송 / 返品 반품 / 返還 반환
叛	배반할 반	又부 · 총9획	배반하다	背叛 배반 / 叛旗 반기 / 叛起 반기 / 叛逆 반역
伴	짝 반	亻(人)부 · 총7획	짝, 동반자	同伴 동반 / 隨伴 수반 / 伴侶者 반려자
發	필 발	癶부 · 총12획	피다, 쏘다	發芽 발아 / 發刊 발간 / 發達 발달 / 發明 발명
拔	뺄 발	扌(手)부 · 총8획	빼다, 뽑다	拔本 발본 / 拔萃 발췌 / 拔擢 발탁
髮	터럭 발	髟부 · 총15획	터럭	金髮 금발 / 怒髮 노발 / 散髮 산발 / 理髮 이발
方	모 방	方부 · 총4획	모	方法 방법 / 方式 방식 / 方位 방위 / 北方 북방
房	방 방	戶부 · 총8획	방	監房 감방 / 茶房 다방 / 獨房 독방 / 舍廊房 사랑방

寅	동방 인	宀부 · 총11획	동방, 셋째 지지	寅念 인념 / 寅時 인시 / 甲寅年 갑인년
印	도장 인	卩부 · 총6획	도장	印鑑 인감 / 印度 인도 / 印象 인상 / 印刷 인쇄
姻	혼인 인	女부 · 총9획	혼인	姻戚 인척 / 姻兄 인형 / 婚姻 혼인
一	한 일	一부 · 총1획	하나	一擊 일격 / 一貫 일관 / 一念 일념 / 一面 일면
日	날 일	日부 · 총4획	날	日課 일과 / 日記 일기 / 日當 일당 / 日常 일상
逸	편안할 일	辶(辵)부 · 총12획	뛰어나다, 편안하다, 숨다	逸品 일품 / 逸話 일화 / 安逸 안일
壬	북방 임	士부 · 총4획	북방, 아홉째 천간	壬方 임방 / 壬人 임인
任	맡길 임	亻(人)부 · 총6획	맡기다	任期 임기 / 任務 임무 / 所任 소임 / 責任 책임
賃	품팔이 임	貝부 · 총13획	세내다, 고용하다	賃貸 임대 / 賃借 임차 / 勞賃 노임 / 運賃 운임
入	들 입	入부 · 총2획	들다	入選 입선 / 入試 입시 / 入城 입성 / 介入 개입

ㅈ

교육용 한자쓰기 1800

放 놓을 방 攵(攴)부 · 총8획	놓다, 쫓다 放牧 방목 放心 방심 放置 방치 放學 방학
防 둑 방 阝(阜)부 · 총7획	둑, 막다 防壁 방벽 防備 방비 防水 방수 防衛 방위
訪 찾을 방 言부 · 총11획	찾다 訪問 방문 訪北 방북 訪韓 방한 來訪 내방
芳 꽃다울 방 艹(艸)부 · 총8획	꽃답다 芳年 방년 芳草 방초 芳香 방향 芳名錄 방명록
傍 곁 방 亻(人)부 · 총12획	곁, 옆 傍系 방계 傍觀 방관 傍證 방증 傍聽 방청
妨 방해할 방 女부 · 총7획	방해하다 無妨 무방 妨害 방해 妨礙物 방애물
倣 본뜰 방 亻(人)부 · 총10획	본뜨다 倣刻 방각 倣似 방사 模倣 모방
邦 나라 방 阝(邑)부 · 총7획	나라 邦畫 방화 萬邦 만방 盟邦 맹방 友邦 우방
杯 잔 배 木부 · 총8획	잔 苦杯 고배 乾杯 건배 祝杯 축배
拜 절 배 手부 · 총9획	절하다 拜謁 배알 敬拜 경배 歲拜 세배 崇拜 숭배
倍 곱 배 亻(人)부 · 총10획	곱, 갑절 倍加 배가 倍量 배량 倍數 배수 倍前 배전

異	다를 이 田부 · 총11획	다르다	異見 이견 異色 이색 異彩 이채 異邦人 이방인
移	옮길 이 禾부 · 총11획	옮기다, 이동하다	移動 이동 移民 이민 移讓 이양 移轉 이전
夷	오랑캐 이 大부 · 총6획	오랑캐	東夷 동이 蠻夷 만이
益	더할 익 皿부 · 총10획	더하다, 이롭다	益鳥 익조 權益 권익 損益 손익 有益 유익
翼	날개 익 羽부 · 총17획	날개, 돕다	翼面 익면 翼室 익실 右翼 우익 左翼 좌익
人	사람 인 人부 · 총2획	사람, 남	人格 인격 人望 인망 人選 인선 他人 타인
仁	어질 인 亻(人)부 · 총4획	어질다, 인자하다	仁德 인덕 仁慈 인자 殺身成仁 살신성
引	끌 인 弓부 · 총4획	끌다, 당기다	引繼 인계 引率 인솔 引揚 인양 引出 인출
因	인할 인 □부 · 총6획	인하다, 말미암다, 까닭	因習 인습 因緣 인연 要因 요인 原因 원인
忍	참을 인 心부 · 총7획	참다, 인내하다	忍苦 인고 忍耐 인내 目不忍見 목불인견
認	알 인 言부 · 총14획	알다, 인정하다	認可 인가 認識 인식 認定 인정 認許 인허

培	북돋우다, 가꾸다, 길러 키우다	一 十 土 扩 圹 圹 圹 培 培 培 培
북돋울 배 土부 · 총11획	培根 배근 培養 배양 栽培 재배	

配	배필, 마음을 쓰다	一 丆 冂 丙 酉 酉 酉 酉 配 配
짝 배 酉부 · 총10획	配達 배달 配慮 배려 配偶 배우	

排	밀치다, 배척하다	一 扌 扌 扌 扌 扌 扌 排 排 排 排
밀칠 배 扌(手)부 · 총11획	排擊 배격 排斥 배척 排他 배타	

輩	무리, 패	丿 扌 ヲ ヲ 非 非 非 非 背 背 背 晢 輩 輩 輩
무리 배 車부 · 총15획	輩出 배출 年輩 연배 同年輩 동년배	

背	등지다	一 丬 扌 北 北 背 背 背 背
등 배 月(肉)부 · 총9획	背景 배경 背叛 배반 背信 배신 違背 위배	

白	희다	丿 亻 白 白 白
흰 백 白부 · 총5획	白馬 백마 白墨 백묵 紅東白西 홍동백서	

百	일백, 많다	一 丆 丆 百 百 百
일백 백 白부 · 총6획	百方 백방 百選 백선 百年大計 백년대계	

伯	맏	丿 亻 亻 亻 伯 伯 伯
맏 백 亻(人)부 · 총7획	伯父 백부 伯爵 백작 伯仲之勢 백중지세	

番	차례, 갈마들다	一 丷 宀 平 平 采 采 番 番 番 番
차례 번 田부 · 총12획	番地 번지 番號 번호 非番 비번 順番 순번	

伐	치다	丿 亻 亻 代 伐 伐
칠 벌 亻(人)부 · 총6획	伐木 벌목 伐採 벌채 伐草 벌초	

煩	괴로워하다	丶 丷 丬 灯 灯 灯 炉 炉 炉 煩 煩 煩 煩
괴로워할 번 火부 · 총13획	煩惱 번뇌 煩悶 번민 煩雜 번잡	

矣	어조사		
어조사 의 矢部 · 총7획	汝矣島 여의도		

醫	의원		
의원 의 酉部 · 총18획	醫師 의사 醫院 의원 醫務官 의무관 獸醫師 수의사		

意	뜻		
뜻 의 心部 · 총13획	意見 의견 意識 의식 同意 동의		

宜	마땅하다		
마땅할 의 宀部 · 총8획	宜當 의당 適宜 적의 便宜 편의		

儀	관례, 관습		
거동 의 亻(人)部 · 총15획	儀式 의식 儀典 의전 禮儀 예의 祝儀 축의		

疑	의심, 의혹		
의심할 의 疋部 · 총14획	疑問 의문 疑心 의심 疑惑 의혹 疑懼心 의구심		

二	둘, 2		
두 이 二部 · 총2획	二毛作 이모작 二律背反 이율배반		

以	써, 까닭		
써 이 人部 · 총5획	以往 이왕 以下 이하 以心傳心 이심전심		

已	이미		
이미 이 己部 · 총3획	已往 이왕 不得已 부득이		

耳	귀		
귀 이 耳部 · 총6획	耳目 이목 耳順 이순 馬耳東風 마이동풍		

而	그리고, 그리하여, 그러나		
말이을 이 而部 · 총6획	而已 이이 然而 연이		

繁 번성할 번 糸부 · 총17획	번성하다 繁盛 번성 繁殖 번식 繁昌 번창 繁華 번화
飜 뒤칠 번 飛부 · 총21획	뒤치다, 엎어지다 飜覆 번복 飜案 번안 飜譯 번역
罰 죄 벌 罒(网)부 · 총14획	죄 罰金 벌금 罰則 벌칙 賞罰 상벌 刑罰 형벌
凡 무릇 범 几부 · 총3획	무릇, 대강, 모두 凡例 범례 凡常 범상 大凡 대범 非凡 비범
犯 범할 범 犭(犬)부 · 총5획	범하다 犯人 범인 犯罪 범죄 犯行 범행 現行犯 현행범
範 법 범 竹부 · 총15획	법 範圍 범위 模範 모범 示範 시범
法 법 법 氵(水)부 · 총8획	법 法官 법관 法規 법규 法律 법률 法案 법안
壁 벽 벽 土부 · 총16획	벽 壁報 벽보 壁紙 벽지 壁畫 벽화 障壁 장벽
碧 푸를 벽 石부 · 총14획	푸르다 碧溪 벽계 碧玉 벽옥 桑田碧海 상전벽해
變 변할 변 言부 · 총23획	변하다 變動 변동 變造 변조 變遷 변천 激變 격변
辯 말 잘할 변 辛부 · 총21획	말 잘하다 辯論 변론 辯士 변사 辯護士 변호사 熱辯 열변

飲 마실 음 食부·총13획
마시다
飮毒 음독
飮料 음료
飮福 음복
飮酒 음주

陰 그늘 음 阝(阜)부·총11획
그늘, 응달
陰謀 음모
陰曆 음력
陰散 음산
陰陽 음양

淫 음란할 음 氵(水)부·총11획
음란하다
淫亂 음란
淫蕩 음탕
淫行 음행

邑 고을 읍 邑부·총7획
고을
邑內 읍내
邑長 읍장
都邑 도읍
邑村 읍촌

泣 울 읍 氵(水)부·총8획
울다
泣訴 읍소
感泣 감읍

應 응할 응 心부·총17획
응하다
應當 응당
應對 응대
應試 응시
應援 응원

凝 엉길 응 冫부·총16획
엉기다
凝結 응결
凝固 응고
凝視 응시
凝集力 응집력

衣 옷 의 衣부·총6획
옷
衣冠 의관
衣類 의류
衣服 의복
衣裳 의상

依 의지할 의 亻(人)부·총8획
의지하다, 기대다
依據 의거
依舊 의구
依賴 의뢰
依託 의탁

義 옳을 의 羊부·총13획
옳다, 의롭다, 올바르다
義理 의리
義務 의무
義士 의사
義絶 의절

議 의논할 의 言부·총20획
의논하다
議決 의결
議論 의논
議案 의안
議員 의원

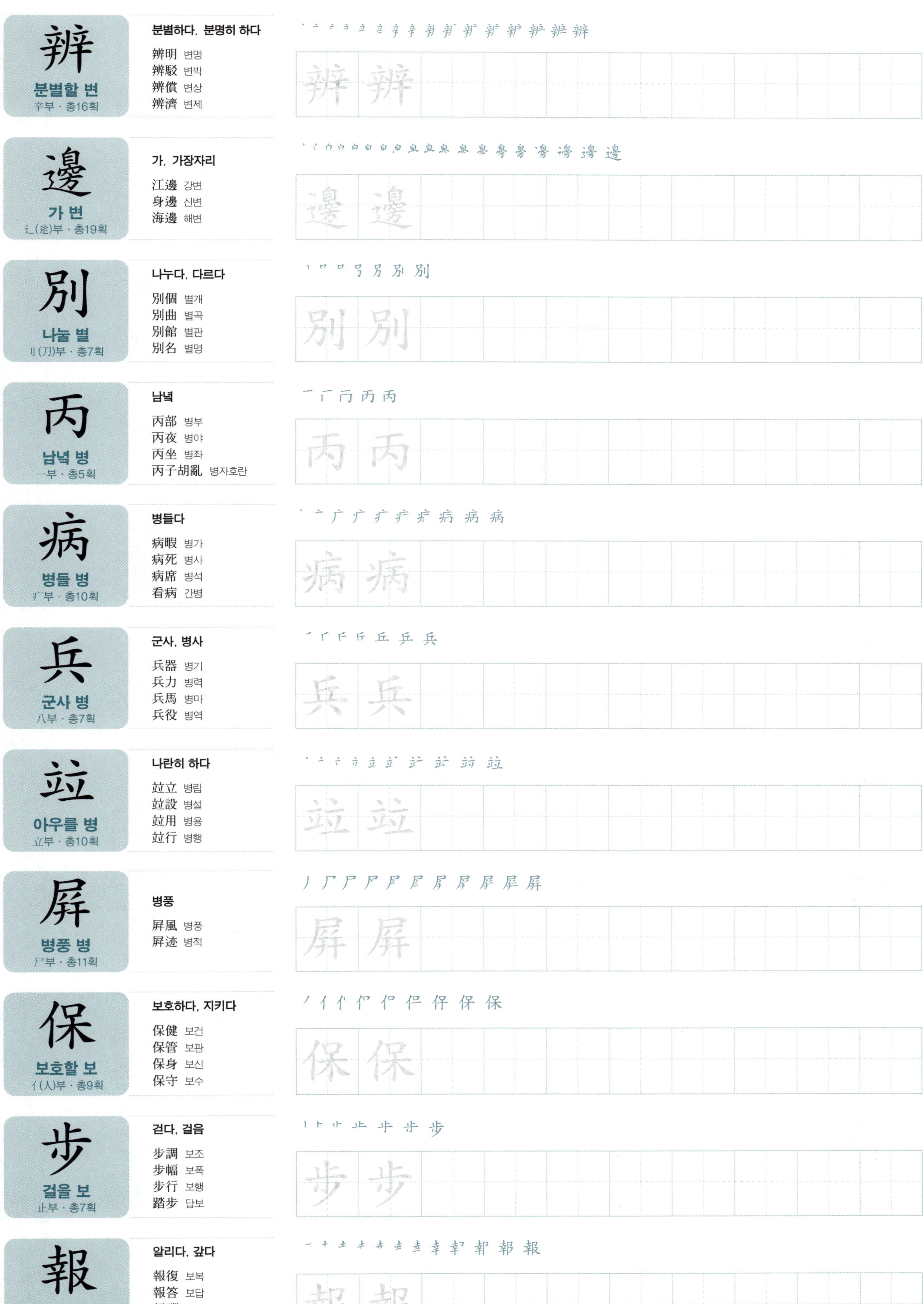

辨
분별할 변
辛부 · 총16획
분별하다, 분명히 하다
辨明 변명
辨駁 변박
辨償 변상
辨濟 변제

邊
가 변
辶(辵)부 · 총19획
가, 가장자리
江邊 강변
身邊 신변
海邊 해변

別
나눌 별
刂(刀)부 · 총7획
나누다, 다르다
別個 별개
別曲 별곡
別館 별관
別名 별명

丙
남녘 병
一부 · 총5획
남녘
丙部 병부
丙夜 병야
丙坐 병좌
丙子胡亂 병자호란

病
병들 병
疒부 · 총10획
병들다
病暇 병가
病死 병사
病席 병석
看病 간병

兵
군사 병
八부 · 총7획
군사, 병사
兵器 병기
兵力 병력
兵馬 병마
兵役 병역

竝
아우를 병
立부 · 총10획
나란히 하다
竝立 병립
竝設 병설
竝用 병용
竝行 병행

屛
병풍 병
尸부 · 총11획
병풍
屛風 병풍
屛迹 병적

保
보호할 보
亻(人)부 · 총9획
보호하다, 지키다
保健 보건
保管 보관
保身 보신
保守 보수

步
걸을 보
止부 · 총7획
걷다, 걸음
步調 보조
步幅 보폭
步行 보행
踏步 답보

報
알릴 보
土부 · 총12획
알리다, 갚다
報復 보복
報答 보답
報酬 보수
弘報 홍보

悠 멀 유 心부·총11획	멀다 悠久 유구 / 悠然 유연
肉 고기 육 肉부·총6획	고기 肉味 육미 / 肉眼 육안 / 肉體 육체
育 기를 육 月(肉)부·총8획	기르다 育成 육성 / 教育 교육 / 發育 발육 / 養育 양육
閏 윤달 윤 門부·총12획	윤달 閏年 윤년 / 閏月 윤월 / 閏日 윤일
潤 불을 윤 氵(水)부·총15획	젖다. 이익 潤氣 윤기 / 潤澤 윤택 / 潤滑 윤활 / 利潤 이윤
恩 은혜 은 心부·총10획	은혜 恩功 은공 / 恩惠 은혜 / 背恩忘德 배은망덕
銀 은 은 金부·총14획	은 銀行 은행 / 銀貨 은화 / 銀河水 은하수 / 銀粧刀 은장도
隱 숨길 은 阝(阜)부·총17획	숨기다 隱居 은거 / 隱匿 은닉 / 隱身 은신 / 隱蔽 은폐
乙 새 을 乙부·총1획	새. 십간(十干)의 둘째 乙夜 을야 / 甲男乙女 갑남을녀
音 소리 음 音부·총9획	소리 音樂 음악 / 音質 음질 / 母音 모음 / 福音 복음
吟 읊을 음 口부·총7획	읊다. 말더듬다 悲吟 비음 / 詩吟 시음

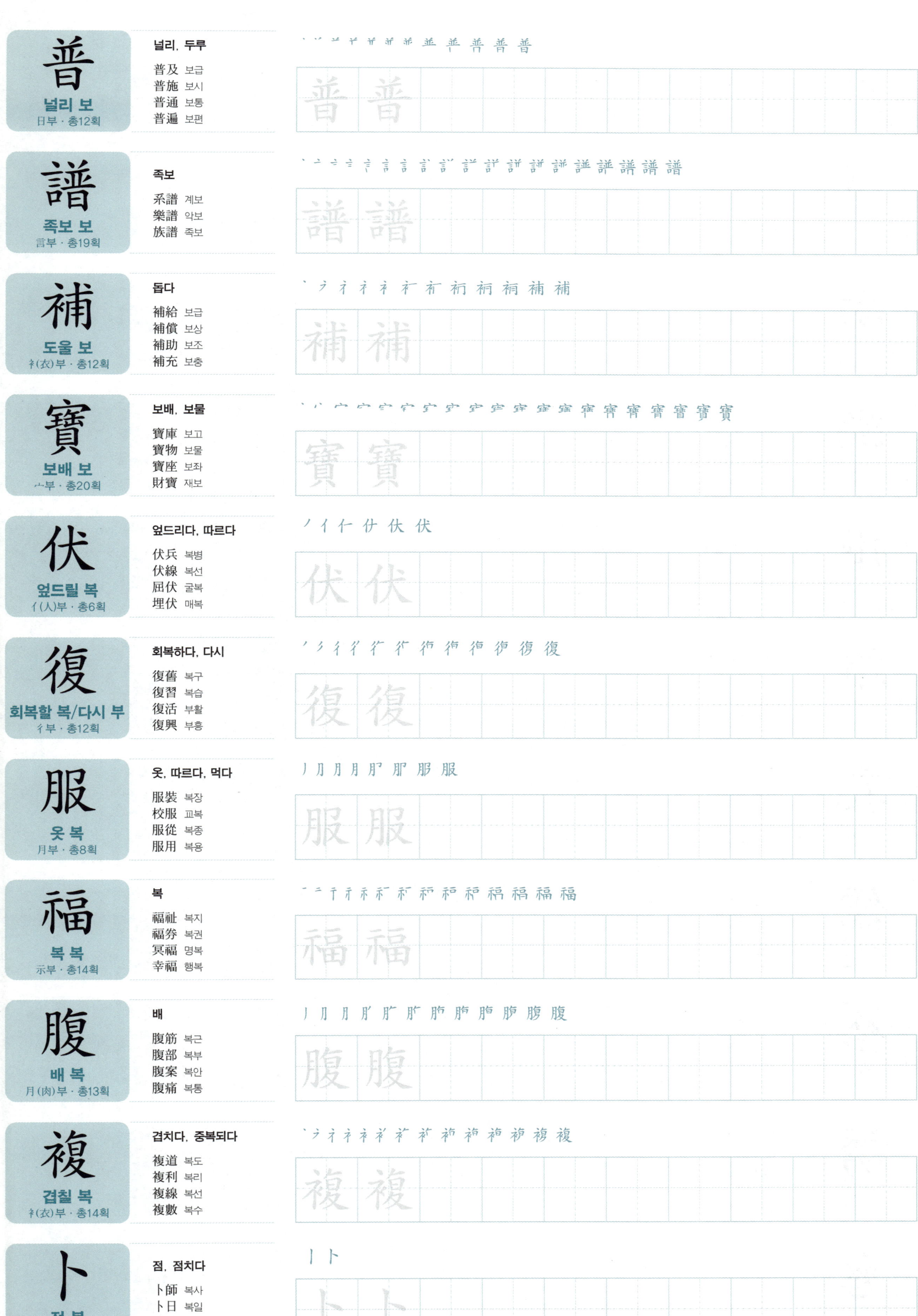

普	널리, 두루	
널리 보 日부 · 총12획	普及 보급 普施 보시 普通 보통 普遍 보편	

譜	족보	
족보 보 言부 · 총19획	系譜 계보 樂譜 악보 族譜 족보	

補	돕다	
도울 보 衤(衣)부 · 총12획	補給 보급 補償 보상 補助 보조 補充 보충	

寶	보배, 보물	
보배 보 宀부 · 총20획	寶庫 보고 寶物 보물 寶座 보좌 財寶 재보	

伏	엎드리다, 따르다	
엎드릴 복 亻(人)부 · 총6획	伏兵 복병 伏線 복선 屈伏 굴복 埋伏 매복	

復	회복하다, 다시	
회복할 복/다시 부 彳부 · 총12획	復舊 복구 復習 복습 復活 부활 復興 부흥	

服	옷, 따르다, 먹다	
옷 복 月부 · 총8획	服裝 복장 校服 교복 服從 복종 服用 복용	

福	복	
복 복 示부 · 총14획	福祉 복지 福券 복권 冥福 명복 幸福 행복	

腹	배	
배 복 月(肉)부 · 총13획	腹筋 복근 腹部 복부 腹案 복안 腹痛 복통	

複	겹치다, 중복되다	
겹칠 복 衤(衣)부 · 총14획	複道 복도 複利 복리 複線 복선 複數 복수	

卜	점, 점치다	
점 복 卜부 · 총2획	卜師 복사 卜日 복일 卜債 복채	

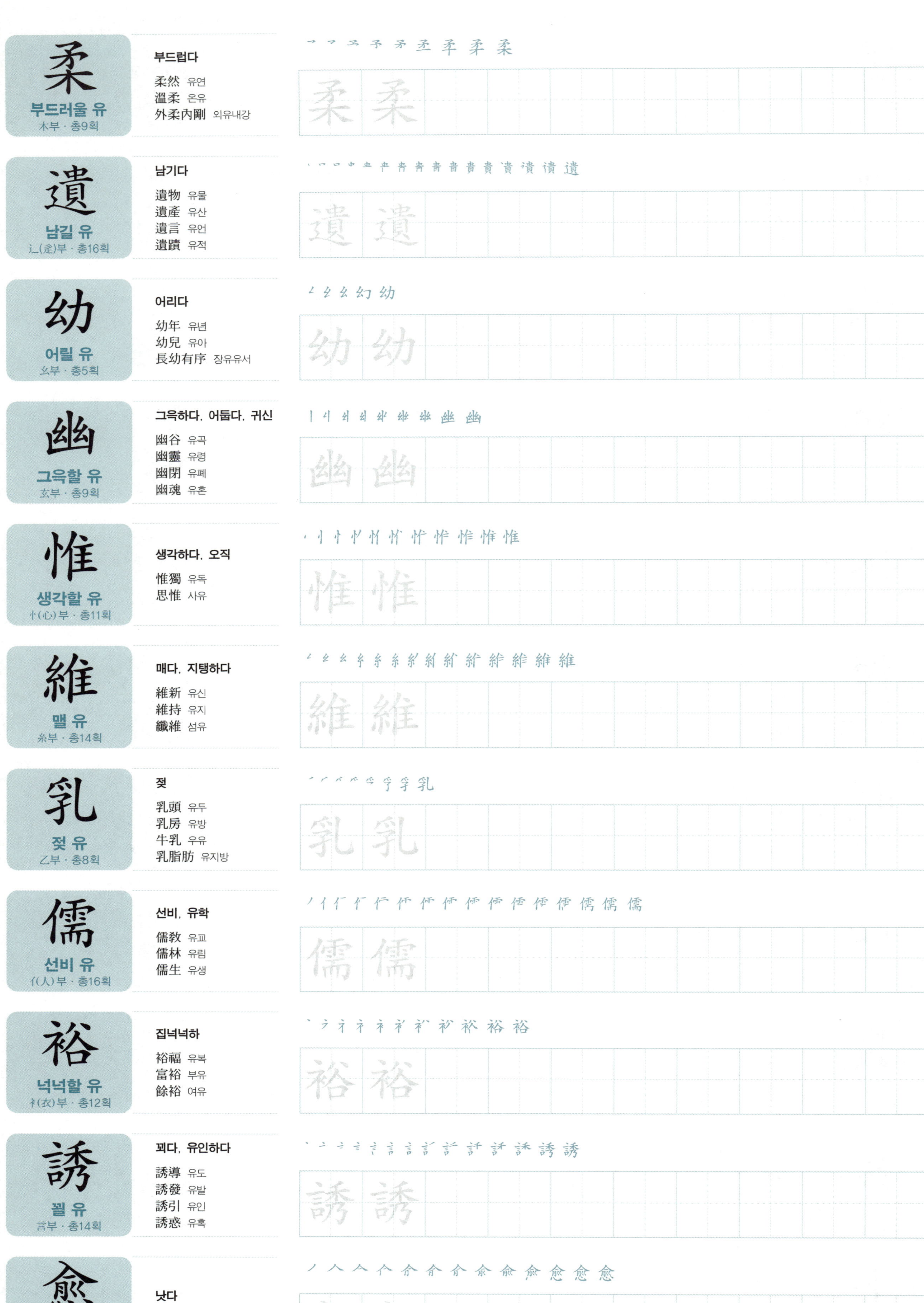

柔 부드러울 유 木부 · 총9획	부드럽다 柔然 유연 溫柔 온유 外柔內剛 외유내강
遺 남길 유 辶(辵)부 · 총16획	남기다 遺物 유물 遺産 유산 遺言 유언 遺蹟 유적
幼 어릴 유 幺부 · 총5획	어리다 幼年 유년 幼兒 유아 長幼有序 장유유서
幽 그윽할 유 玄부 · 총9획	그윽하다, 어둡다, 귀신 幽谷 유곡 幽靈 유령 幽閉 유폐 幽魂 유혼
惟 생각할 유 忄(心)부 · 총11획	생각하다, 오직 惟獨 유독 思惟 사유
維 맬 유 糸부 · 총14획	매다, 지탱하다 維新 유신 維持 유지 纖維 섬유
乳 젖 유 乙부 · 총8획	젖 乳頭 유두 乳房 유방 牛乳 우유 乳脂肪 유지방
儒 선비 유 亻(人)부 · 총16획	선비, 유학 儒敎 유교 儒林 유림 儒生 유생
裕 넉넉할 유 衤(衣)부 · 총12획	집넉넉하 裕福 유복 富裕 부유 餘裕 여유
誘 꾈 유 言부 · 총14획	꾀다, 유인하다 誘導 유도 誘發 유발 誘引 유인 誘惑 유혹
愈 나을 유 心부 · 총13획	낫다 快愈 쾌유

覆	덮다	
덮을 복 襾부 · 총18획	覆蓋 복개 覆面 복면 飜覆 번복 顚覆 전복	一 广 广 兩 兩 严 严 严 严 覂 覂 覂 覂 覂 覆 覆

本	근본, 밑	
근본 본 木부 · 총5획	本能 본능 本論 본론 本源 본원 本質 본질	一 十 才 木 本

奉	받들다, 봉양하다	
받들 봉 大부 · 총8획	奉仕 봉사 奉養 봉양 奉迎 봉영 奉祝 봉축	一 二 三 声 夫 表 表 奉

逢	만나다	
만날 봉 辶(辵)부 · 총11획	逢變 봉변 逢着 봉착 相逢 상봉	丿 夂 夂 冬 冬 冬 夆 夆 逢 逢 逢

峯	봉우리	
봉우리 봉 山부 · 총10획	高峰 고봉 山峰 산봉 峰頂 봉정 峻峰 준봉	丨 屮 山 少 夅 夅 峯 峯 峯 峯

蜂	벌, 벌떼	
벌 봉 虫부 · 총13획	蜂起 봉기 蜂蝶 봉접 蜂針 봉침 蜜蜂 밀봉	丶 丨 口 中 虫 虫 虬 蚁 蚁 蛏 蜂 蜂 蜂

封	봉하다	
봉할 봉 寸부 · 총9획	封送 봉송 封印 봉인 封合 봉합	一 十 土 土 丰 圭 圭 封 封

鳳	봉황새	
봉황새 봉 鳥부 · 총14획	鳳枕 봉침 鳳湯 봉탕 鳳凰 봉황 龍鳳 용봉	丿 几 凡 凡 凡 凰 凰 凰 凰 鳳 鳳 鳳 鳳 鳳

夫	지아비, 사내	
지아비 부 大부 · 총4획	夫君 부군 夫婦 부부 農夫 농부 漁夫 어부	一 二 夫 夫

父	아비	
아비 부 父부 · 총4획	父系 부계 父權 부권 父母 부모 學父母 학부모	丶 丷 グ 父

否	아니다, 막히다	
아닐 부 口부 · 총7획	否認 부인 否定 부정 拒否 거부 眞否 진부	一 丆 不 不 不 否 否

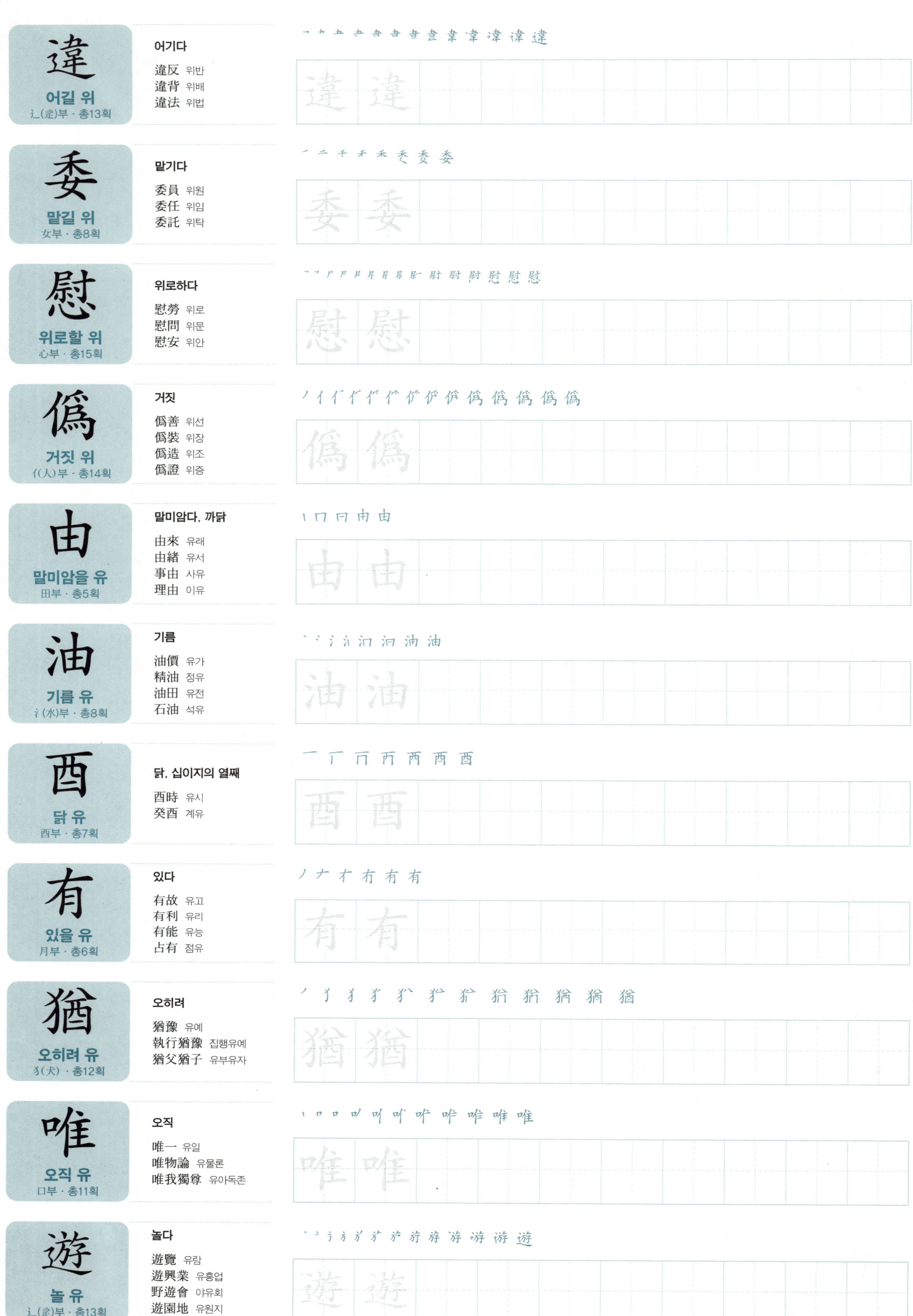

| 違 | 어기다 | 違反 위반 / 違背 위배 / 違法 위법 |
| 어길 위 辶(辵)부·총13획 | | |

| 委 | 맡기다 | 委員 위원 / 委任 위임 / 委託 위탁 |
| 맡길 위 女부·총8획 | | |

| 慰 | 위로하다 | 慰勞 위로 / 慰問 위문 / 慰安 위안 |
| 위로할 위 心부·총15획 | | |

| 僞 | 거짓 | 僞善 위선 / 僞裝 위장 / 僞造 위조 / 僞證 위증 |
| 거짓 위 亻(人)부·총14획 | | |

| 由 | 말미암다, 까닭 | 由來 유래 / 由緒 유서 / 事由 사유 / 理由 이유 |
| 말미암을 유 田부·총5획 | | |

| 油 | 기름 | 油價 유가 / 精油 정유 / 油田 유전 / 石油 석유 |
| 기름 유 氵(水)부·총8획 | | |

| 酉 | 닭, 십이지의 열째 | 酉時 유시 / 癸酉 계유 |
| 닭 유 酉부·총7획 | | |

| 有 | 있다 | 有故 유고 / 有利 유리 / 有能 유능 / 占有 점유 |
| 있을 유 月부·총6획 | | |

| 猶 | 오히려 | 猶豫 유예 / 執行猶豫 집행유예 / 猶父猶子 유부유자 |
| 오히려 유 犭(犬)부·총12획 | | |

| 唯 | 오직 | 唯一 유일 / 唯物論 유물론 / 唯我獨尊 유아독존 |
| 오직 유 口부·총11획 | | |

| 遊 | 놀다 | 遊覽 유람 / 遊興業 유흥업 / 野遊會 야유회 / 遊園地 유원지 |
| 놀 유 辶(辵)부·총13획 | | |

部 거느릴 부 阝(邑)부 · 총11획	거느리다, 나누다, 무리 部類 부류 部屬 부속 部族 부족 部下 부하
扶 도울 부 扌(手)부 · 총7획	돕다 扶養 부양 扶助 부조 相扶相助 상부상조
富 부자 부 宀부 · 총12획	부자, 넉넉하다 富裕 부유 富豪 부호 貧富 빈부 豊富 풍부
浮 뜰 부 氵(水)부 · 총10획	뜨다 浮刻 부각 浮力 부력 浮上 부상 浮標 부표
婦 며느리 부 女부 · 총11획	며느리, 아내 姑婦 고부 夫婦 부부 夫唱婦隨 부창부수
付 줄 부 亻(人)부 · 총5획	주다, 청하다, 부탁하다 付託 부탁 交付 교부 給付 급부 納付 납부
符 부신 부 竹부 · 총11획	부신, 부적 符信 부신 符籍 부적 符號 부호
附 붙을 부 阝(阜)부 · 총8획	붙다, 붙이다 附近 부근 附錄 부록 附設 부설 附着 부착
府 마을 부 广부 · 총8획	마을, 관청 府尹 부윤 府下 부하 官府 관부 政府 정부
腐 썩을 부 肉부 · 총14획	썩다 腐木 부목 腐生 부생 腐蝕 부식 腐敗 부패
負 질 부 貝부 · 총9획	짐을 지다, 부담을 지다 負擔 부담 負傷 부상 負債 부채

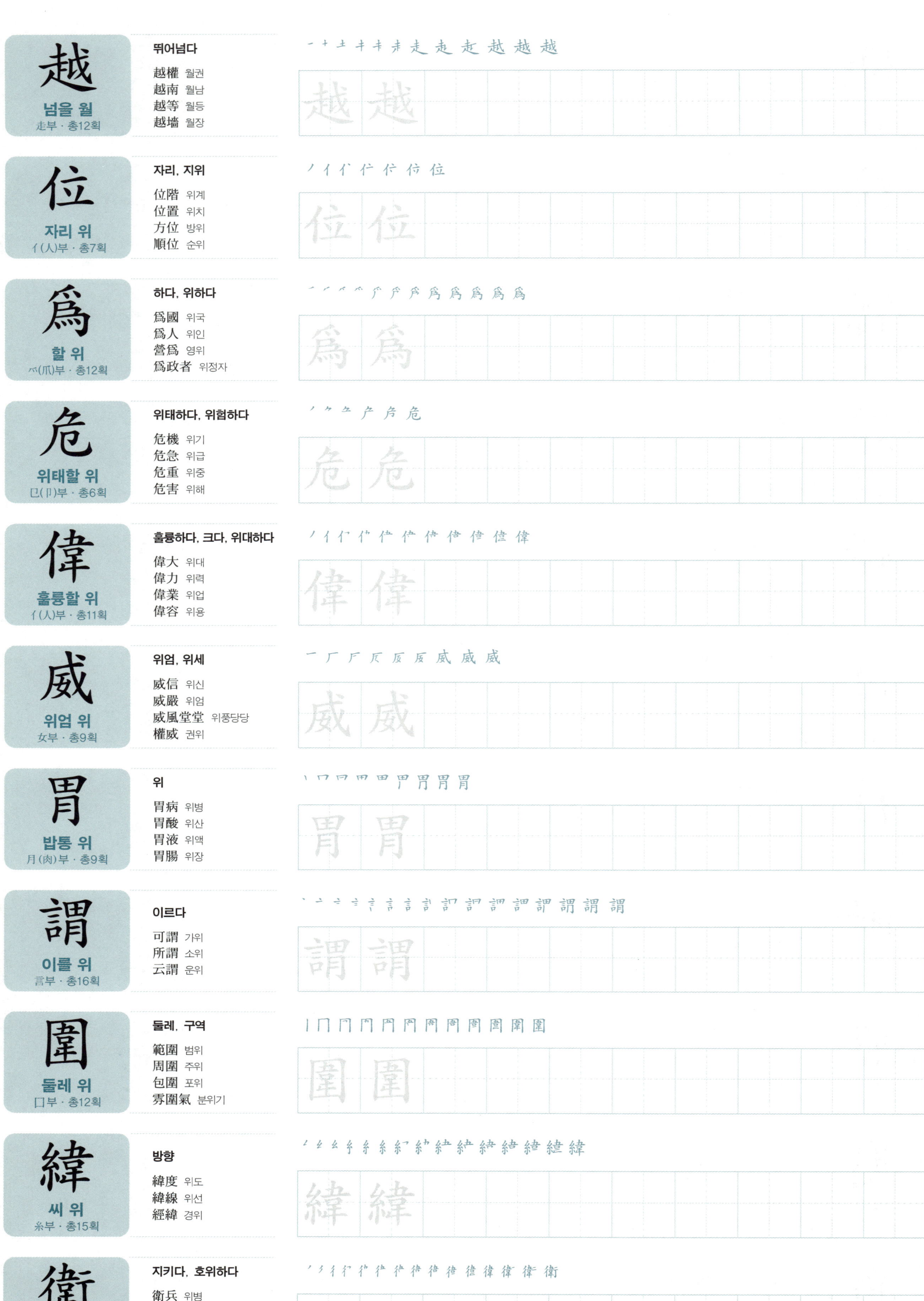

越 넘을 월 走부 · 총12획	뛰어넘다 越權 월권 越南 월남 越等 월등 越墻 월장
位 자리 위 亻(人)부 · 총7획	자리, 지위 位階 위계 位置 위치 方位 방위 順位 순위
爲 할 위 爫(爪)부 · 총12획	하다, 위하다 爲國 위국 爲人 위인 營爲 영위 爲政者 위정자
危 위태할 위 卩(㔾)부 · 총6획	위태하다, 위험하다 危機 위기 危急 위급 危重 위중 危害 위해
偉 훌륭할 위 亻(人)부 · 총11획	훌륭하다, 크다, 위대하다 偉大 위대 偉力 위력 偉業 위업 偉容 위용
威 위엄 위 女부 · 총9획	위엄, 위세 威信 위신 威嚴 위엄 威風堂堂 위풍당당 權威 권위
胃 밥통 위 月(肉)부 · 총9획	위 胃病 위병 胃酸 위산 胃液 위액 胃腸 위장
謂 이를 위 言부 · 총16획	이르다 可謂 가위 所謂 소위 云謂 운위
圍 둘레 위 囗부 · 총12획	둘레, 구역 範圍 범위 周圍 주위 包圍 포위 雰圍氣 분위기
緯 씨 위 糸부 · 총15획	방향 緯度 위도 緯線 위선 經緯 경위
衛 지킬 위 行부 · 총15획	지키다, 호위하다 衛兵 위병 衛生 위생 防衛 방위 護衛 호위

副
버금 부
刂(刀)부 · 총11획
버금, 다음
副官 부관
副食 부식
副應 부응
副次 부차

簿
장부 부
竹부 · 총19획
장부
簿記 부기
名簿 명부
帳簿 장부
置簿 치부

赴
나아갈 부
走부 · 총9획
나아가다
赴擧 부거
赴召 부소
赴任 부임

賦
구실 부
貝부 · 총15획
조세, 주다
賦課 부과
賦與 부여
天賦 천부
割賦 할부

北
북녘 북/달아날 배
匕부 · 총5획
북녘, 달아나다
北極 북극
北端 북단
北伐 북벌
敗北 패배

分
나눌 분
刀부 · 총4획
나누다
分校 분교
分權 분권
分斷 분단
分類 분류

紛
어지러워질 분
糸부 · 총10획
어지럽다
紛糾 분규
紛亂 분란
紛失 분실
紛爭 분쟁

粉
가루 분
米부 · 총10획
가루
粉末 분말
粉碎 분쇄
粉食 분식
粉紅 분홍

奔
달릴 분
大부 · 총8획
빨리, 달리다
奔忙 분망
奔放 분방
奔走 분주
狂奔 광분

墳
무덤 분
土부 · 총15획
무덤
墳墓 분묘
古墳 고분
封墳 봉분
土墳 토분

憤
성낼 분
忄(心)부 · 총15획
성내다
憤慨 분개
憤怒 분노
憤然 분연
憤痛 분통

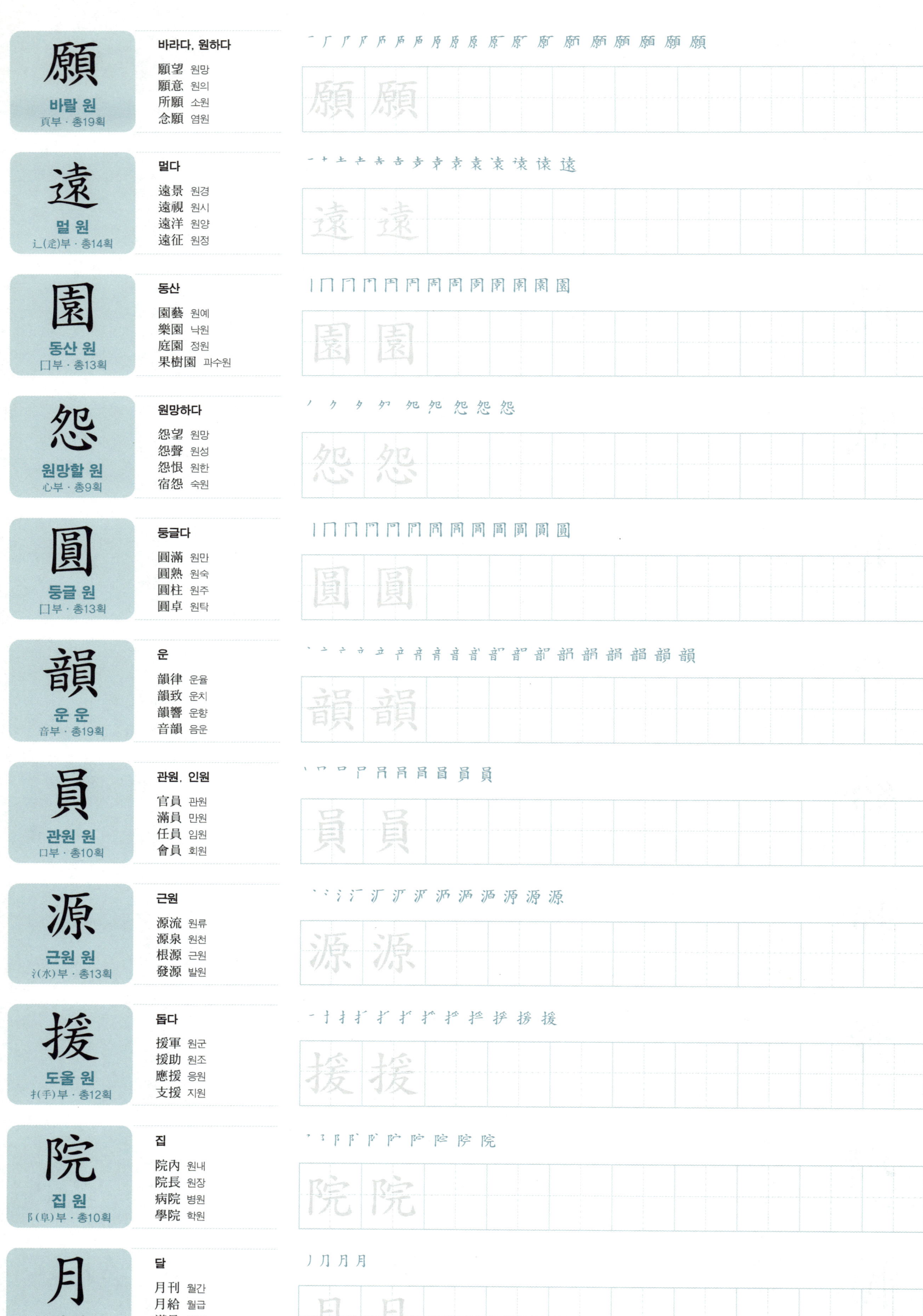

願	바랄 원	頁부 · 총19획	바라다, 원하다	願望 원망 / 願意 원의 / 所願 소원 / 念願 염원
遠	멀 원	辶(辵)부 · 총14획	멀다	遠景 원경 / 遠視 원시 / 遠洋 원양 / 遠征 원정
園	동산 원	口부 · 총13획	동산	園藝 원예 / 樂園 낙원 / 庭園 정원 / 果樹園 과수원
怨	원망할 원	心부 · 총9획	원망하다	怨望 원망 / 怨聲 원성 / 怨恨 원한 / 宿怨 숙원
圓	둥글 원	口부 · 총13획	둥글다	圓滿 원만 / 圓熟 원숙 / 圓柱 원주 / 圓卓 원탁
韻	운 운	音부 · 총19획	운	韻律 운율 / 韻致 운치 / 韻響 운향 / 音韻 음운
員	관원 원	口부 · 총10획	관원, 인원	官員 관원 / 滿員 만원 / 任員 임원 / 會員 회원
源	근원 원	氵(水)부 · 총13획	근원	源流 원류 / 源泉 원천 / 根源 근원 / 發源 발원
援	도울 원	扌(手)부 · 총12획	돕다	援軍 원군 / 援助 원조 / 應援 응원 / 支援 지원
院	집 원	阝(阜)부 · 총10획	집	院內 원내 / 院長 원장 / 病院 병원 / 學院 학원
月	달 월	月부 · 총4획	달	月刊 월간 / 月給 월급 / 滿月 만월 / 明月 명월

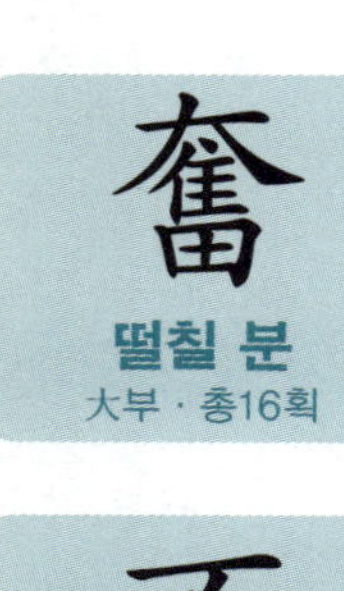

| 奮 | 떨치다 | 一 ナ 六 六 木 本 本 本 本 奋 奮 奮 奮 奮 奮 |
| 떨칠 분
大부 · 총16획 | 奮起 분기
奮發 분발
奮戰 분전
奮鬪 분투 | |

| 不 | 아니다 | 一 フ イ 不 |
| 아닐 불/부
一부 · 총4획 | 不實 부실
不足 부족
不良 불량
不滿 불만 | |

| 佛 | 부처 | ノ イ 亻 亻 佛 佛 佛 |
| 부처 불
亻(人)부 · 총7획 | 佛家 불가
佛經 불경
佛教 불교
佛國寺 불국사 | |

| 拂 | 떨다, 치르다 | 一 十 扌 扌 扣 扫 拂 拂 |
| 떨 불
扌(手)부 · 총8획 | 拂拭 불식
拂入 불입
拂下 불하
支拂 지불 | |

| 朋 | 벗, 친구 | ノ 刀 月 月 刖 朋 朋 朋 |
| 벗 붕
月부 · 총8획 | 朋黨 붕당
朋友有信 붕우유신 | |

| 崩 | 무너지다 | 山 屵 屵 屵 岢 岢 峂 崩 崩 崩 崩 |
| 무너질 붕
山부 · 총11획 | 崩壞 붕괴
崩御 붕어
土崩 토붕 | |

| 比 | 견주다, 나란히 하다 | 一 ト 比 比 |
| 견줄 비
比부 · 총4획 | 比較 비교
比等 비등
比例 비례
比率 비율 | |

| 非 | 아니다 | ノ ナ 키 非 非 非 非 非 |
| 아닐 비
非부 · 총8획 | 非凡 비범
非理 비리
是非 시비
非公開 비공개 | |

| 悲 | 슬프다 | ノ ナ 키 非 非 非 非 非 悲 悲 悲 |
| 슬플 비
心부 · 총12획 | 悲歌 비가
悲劇 비극
悲鳴 비명
悲壯 비장 | |

| 備 | 갖추다, 준비하다 | ノ イ 亻 亻 伊 俏 備 備 備 備 備 備 |
| 갖출 비
亻(人)부 · 총12획 | 備蓄 비축
兼備 겸비
具備 구비
對備 대비 | |

| 飛 | 날다 | 乁 乁 乁 飞 飞 飞 飛 飛 飛 |
| 날 비
飛부 · 총9획 | 飛閣 비각
飛報 비보
飛翔 비상
飛虎 비호 | |

羽	새의 날개
깃 우	羽毛 우모
羽부·총6획	羽翼 우익

郵	우편
우편 우	郵送 우송
阝(邑)부·총11획	郵便 우편郵 / 遞局 우체국

愚	어리석다
어리석을 우	愚鈍 우둔 / 愚昧 우매
心부·총13획	愚問 우문 / 愚直 우직

偶	뜻하지 아니하게, 짝
짝 우	偶發 우발 / 偶像 우상
亻(人)부·총11획	偶然 우연

優	넉넉하다, 많다
넉넉할 우	優待 우대 / 優良 우량
亻(人)부·총17획	優勝 우승

云	말하다
이를 운	云云 운운
二부·총4획	云爲 운위

雲	구름
구름 운	雲海 운해 / 白雲 백운
雨부·총12획	星雲 성운 / 靑雲 청운

運	옮기다, 운전하다
돌 운	運輸 운수 / 運轉 운전
辶(辵)부·총13획	運行 운행

雄	수컷, 뛰어나다
수컷 웅	雄辯 웅변 / 雄大 웅대
隹부·총12획	雄志 웅지 / 英雄 영웅

元	으뜸, 근원, 처음
으뜸 원	元旦 원단 / 元老 원로
儿부·총4획	元帥 원수 / 元祖 원조

原	언덕, 벌판
언덕 원	原價 원가 / 原料 원료
厂부·총10획	原理 원리 / 原始 원시

鼻 코 비	코	
鼻部 · 총14획	鼻聲 비성 鼻音 비음 鼻炎 비염 耳目口鼻 이목구비	

批 비평할 비	비평, 비답, 평가	
扌(手)부 · 총7획	批評 비평 批答 비답 批點 비점	

卑 낮을 비	낮다, 천하다	
十부 · 총8획	卑怯 비겁 卑劣 비열 卑賤 비천 卑下 비하	

婢 여자종 비	종, 노비	
女부 · 총11획	婢女 비녀 婢僕 비복 奴婢 노비	

碑 비석 비	비석	
石부 · 총13획	碑閣 비각 碑銘 비명 碑文 비문 碑石 비석	

妃 왕비 비	왕비	
女부 · 총6획	妃嬪 비빈 大妃 대비 王妃 왕비 皇妃 황비	

肥 살찔 비	살찌다	
月(肉)부 · 총8획	肥大 비대 肥料 비료 肥滿 비만 肥沃 비옥	

祕 숨길 비	숨기다	
示부 · 총12획	祕訣 비결 祕錄 비록 祕密 비밀 祕方 비방	

費 쓸 비	쓰다, 사용하다	
貝부 · 총12획	費用 비용 浪費 낭비 消費 소비 虛費 허비	

貧 가난할 빈	가난하다	
貝부 · 총11획	貧困 빈곤 貧窮 빈궁 貧富 빈부 貧富隔差 빈부격차	

賓 손 빈	손님	
貝부 · 총14획	賓客 빈객 國賓 국빈 貴賓 귀빈 來賓 내빈	

庸	쓰다, 어리석다, 사서의 하나	` ` 广 广 广 广 庐 庐 庸 庸 庸
쓸 용 广부 · 총11획	庸劣 용렬 中庸 중용	

于	어조사	一 二 于
어조사 우 二부 · 총3획	于今 우금 于先 우선	

宇	집	` ` 宀 宀 宇 宇
집 우 宀부 · 총6획	宇宙 우주 氣宇 기우	

右	오른쪽	ノ ナ ナ 右 右
오른쪽 우 口부 · 총5획	右翼 우익 右側 우측 右派 우파 右回轉 우회전	

友	벗	一 ナ 方 友
벗 우 又부 · 총4획	友邦 우방 友愛 우애 竹馬故友 죽마고우	

牛	소	ノ ㇿ 二 牛
소 우 牛부 · 총4획	牛角 우각 牛乳 우유 牛耳讀經 우이독경	

雨	비	一 厂 厅 而 雨 雨 雨 雨
비 우 雨부 · 총8획	雨期 우기 雨衣 우의 降雨量 강우량	

憂	근심하다, 걱정하다	一 一 丆 丙 丙 百 百 直 直 惪 惪 惪 夢 憂 憂
근심할 우 心부 · 총15획	憂慮 우려 憂患 우환 內憂外患 내우외환	

又	또, 다시	フ 又
또 우 又부 · 총2획	又重之 우중지	

尤	더욱, 특히	一 ナ 尢 尤
더욱 우 尤부 · 총4획	尤極 우극 尤妙 우묘	

遇	만나다	` 冂 曰 曰 冔 咼 咼 咼 禺 遇 遇 遇
만날 우 辶(辵)부 · 총13획	待遇 대우 不遇 불우 禮遇 예우 處遇 처우	

頻	자주, 여러	＼ ｜ ｜ ｜ ｜ ｜ ｜ 圹 圹 圹 頻 頻 頻 頻 頻
자주 빈 頁부 · 총16획	頻度 빈도 頻發 빈발 頻煩 빈번 頻出 빈출	頻　頻

氷	얼음	｜ ｜ ｜ 氷 氷
얼음 빙 水부 · 총5획	氷魚 빙어 氷點 빙점 氷板 빙판 氷河 빙하	氷　氷

聘	부르다	一 ｢ ｢ ｢ 耳 耳 耵 耵 耵 聃 聘 聘
부를 빙 耳부 · 총13획	聘父 빙부 聘丈 빙장 招聘 초빙	聘　聘

四	넷, 4	｜ 冂 冋 四 四
넉 사 口부 · 총5획	四季 사계 四足 사족 三寒四溫 삼한사온	四　四

巳	뱀	｢ ｢ 巳
뱀 사 巳부 · 총3획	巳時 사시 己巳年 기사년	巳　巳

士	선비	一 十 士
선비 사 土부 · 총3획	士禍 사화 講士 강사 武士 무사 博士 박사	士　士

仕	섬기다, 벼슬하다	｜ 亻 仁 什 仕
섬길 사 亻(人)부 · 총5획	仕官 사관 仕途 사도 仕路 사로 給仕 급사	仕　仕

舍	집	｜ 人 人 今 仐 全 舍 舍
집 사 舌부 · 총8획	舍監 사감 驛舍 역사 廳舍 청사 寄宿舍 기숙사	舍　舍

寺	절	一 十 土 圭 寺 寺
절 사 寸부 · 총6획	寺院 사원 山寺 산사	寺　寺

史	역사, 기록하다	｜ 口 口 史 史
역사 사 口부 · 총5획	史記 사기 史書 사서 國史 국사 野史 야사	史　史

腰	허리	ノ刀刀月月肝肝肥肥肥腰腰腰腰
허리 요 月(肉)부·총13획	腰帶 요대 腰折 요절 腰痛 요통	腰 腰

搖	흔들다	一十才才护护护护护挥搖搖搖
흔들 요 扌(手)부·총13획	搖動 요동 搖亂 요란 搖籃 요람 動搖 동요	搖 搖

遙	멀다	ノク夕夕匁名呑呑呑系系遙遙遙
멀 요 辶(辵)부·총14획	遙拜 요배 遙遠 요원 逍遙 소요	遙 遙

謠	노래	丶亠亠言言言訁訊訊訊訊謡譯謡謡
노래 요 言부·총17획	歌謠 가요 童謠 동요 民謠 민요	謠 謠

欲	하고자 하다, 바라다	ノハタタ父谷谷谷谷欲欲
하고자 할 욕 欠부·총11획	欲情 욕정 欲求 욕구	欲 欲

浴	목욕하다	丶丶丬氵氵沙次浴浴浴
목욕할 욕 氵(水)부·총10획	沐浴湯 목욕탕 森林浴 삼림욕 日光浴 일광욕	浴 浴

慾	욕심	ノハタタ父谷谷谷谷欲欲慾慾慾
욕심 욕 心부·총15획	慾求 욕구 慾望 욕망 慾心 욕심 過慾 과욕	慾 慾

辱	욕되게 하다	ノ厂厂厂尸尸戻辰辰辱辱
욕보일 욕 辰부·총10획	屈辱 굴욕 侮辱 모욕 恥辱 치욕	辱 辱

用	쓰다, 이용하다	ノ刀月月用
쓸 용 用부·총5획	用件 용건 用途 용도 用務 용무 用役 용역	用 用

容	얼굴, 담다, 용서하다	丶宀宀宀宓宓突突容容
얼굴 용 宀부·총10획	容納 용납 容量 용량 容貌 용모 容恕 용서	容 容

勇	날래다, 날쌔다, 용감하다	フマ丒丂丂甬甬角勇
날랠 용 力부·총9획	勇敢 용감 勇氣 용기 勇斷 용단 勇猛 용맹	勇 勇

使 부릴 사 亻(人)부 · 총8획	부리다, 하여금, 사신 使臣 사신 使用 사용 使者 사자	ノイイ仁仁佢使使
死 죽을 사 歹부 · 총6획	죽다 死境 사경 死産 사산 死刑 사형 戰死 전사	一ブ歹歹死死
私 사사로울 사 禾부 · 총7획	사사로이 하다, 나, 자기 일 私心 사심 私談 사담 私立 사립 私生活 사생활	′二千千禾私私
思 생각할 사 心부 · 총9획	생각하다 思考 사고 思慕 사모 思想 사상 思索 사색	١口口甲田思思思思
事 일 사 亅부 · 총8획	일, 섬기다 事件 사건 事物 사물 事實 사실 事業 사업	一ー产戸写写事
師 스승 사 巾부 · 총10획	스승 師父 사부 師弟 사제 講師 강사 牧師 목사	′亻户户户自師師師
射 쏠 사 寸부 · 총10획	쏘다, 궁술 射擊 사격 射手 사수 反射 반사 注射 주사	′亻亣亣亣身身射射
絲 실 사 糸부 · 총12획	실 絹絲 견사 綿絲 면사 原絲 원사 鐵絲 철사	′纟纟纟糸糸紅絲絲絲絲絲
謝 사례할 사 言부 · 총17획	사례하다, 사절하다 謝過 사과 謝禮 사례 謝罪 사죄 感謝 감사	′ニ主言言言計計計計計謝謝謝
司 맡을 사 口부 · 총5획	맡다 司令 사령 司法 사법 司書 사서 司會 사회	一刁刁司司
詞 말씀 사 言부 · 총12획	말, 글 詞伯 사백 動詞 동사	′ニ主言言言訂詞詞詞詞

擁	끌어안다, 지키다	
안을 옹	擁立 옹립 擁壁 옹벽 擁護 옹호 抱擁 포옹	
扌(手)부 · 총16획		

瓦	기와	
기와 와	瓦器 와기 瓦全 와전 瓦解 와해	
瓦부 · 총4획		

臥	눕다	
누울 와	臥龍 와룡 臥病 와병 臥牀 와상	
臣부 · 총8획		

完	완전하다	
완전할 완	完結 완결 完了 완료 完遂 완수 完全 완전	
宀부 · 총7획		

緩	느리다	
느릴 완	緩急 완급 緩慢 완만 緩行 완행 緩和 완화	
糸부 · 총15획		

曰	말하다	
가로 왈	曰牌 왈패 曰可曰否 왈가왈부	
曰부 · 총4획		

王	임금	
임금 왕	王宮 왕궁 王冠 왕관 王國 왕국 王室 왕실	
王(玉)부 · 총4획		

往	가다, 향하다	
갈 왕	往年 왕년 往來 왕래 往復 왕복 旣往 기왕	
彳부 · 총8획		

外	바깥	
바깥 외	外家 외가 外界 외계 外交 외교 外面 외면	
夕부 · 총5획		

畏	두려워하다	
두려워할 외	畏懼 외구 畏愼 외신 敬畏 경외	
田부 · 총9획		

要	요구하다, 중요하다	
구할 요	要具 요구 要領 요령 要旨 요지 要請 요청	
襾(西)부 · 총9획		

蛇	뱀	ヽ ゛ 口 中 虫 虫 虵 虵 蚅 蛇 蛇
뱀 사 虫부 · 총11획	蛇窟 사굴 毒蛇 독사 畫蛇添足 화사첨족	

捨	버리다	一 扌 扌 扞 扴 捈 捈 捨 捨 捨 捨
버릴 사 扌(手)부 · 총11획	捨身 사신 取捨 취사	

邪	간사하다	一 厂 开 牙 牙' 邪 邪
간사할 사 阝(邑)부 · 총7획	邪氣 사기 邪術 사술 邪惡 사악 邪慾 사욕	

賜	주다, 하사하다	丨 冂 冂 冃 目 貝 貝 貯 貯 貯 貯 賜 賜 賜
줄 사 貝부 · 총15획	賜米 사미 賜藥 사약 下賜 하사	

斜	비끼다, 비스듬하다	丿 亽 仒 舍 全 余 余 余 斜 斜
비낄 사 斗부 · 총11획	斜傾 사경 斜面 사면 斜陽 사양 傾斜 경사	

詐	속이다	一 ゛ 宀 宀 言 言 言 許 許 詐 詐
속일 사 言부 · 총12획	詐欺 사기 詐稱 사칭	

社	단체	一 二 于 禾 示 礻 社 社
모일 사 示부 · 총8획	社規 사규 社稷 사직 本社 본사 會社 회사	

沙	모래	ヽ ゛ 氵 汀 沙 沙 沙
모래 사 氵(水)부 · 총7획	沙工 사공 沙器 사기 沙漠 사막	

似	같다, 닮다	丿 亻 亻 似 似 似
같을 사 亻(人)부 · 총7획	類似 유사 恰似 흡사 似而非 사이비	

查	조사하다	一 十 才 木 木 杏 杏 杳 查
조사할 사 木부 · 총9획	查頓 사돈 查定 사정 審查 심사 調查 조사	

寫	베끼다, 옮겨 놓다	ヽ ゛ 宀 宀 宀 宀 宀 宀 宁 寫 寫 寫 寫 寫 寫
베낄 사 宀부 · 총15획	寫本 사본 寫生 사생 寫眞 사진 筆寫 필사	

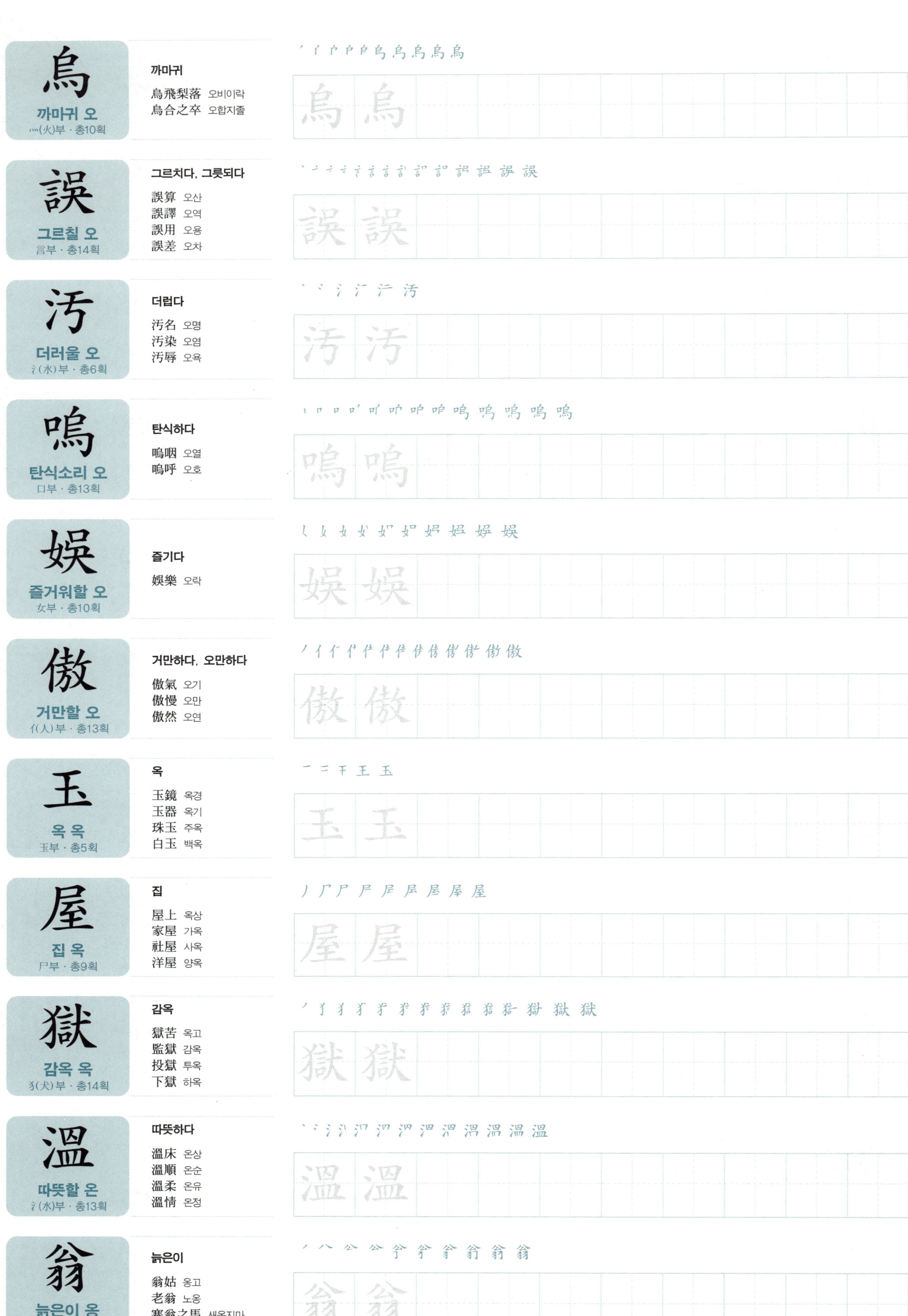

烏 까마귀 오 灬(火)부 · 총10획	**까마귀** 烏飛梨落 오비이락 烏合之卒 오합지졸
誤 그르칠 오 言부 · 총14획	**그르치다, 그릇되다** 誤算 오산 誤譯 오역 誤用 오용 誤差 오차
汚 더러울 오 氵(水)부 · 총6획	**더럽다** 汚名 오명 汚染 오염 汚辱 오욕
嗚 탄식소리 오 口부 · 총13획	**탄식하다** 嗚咽 오열 嗚呼 오호
娛 즐거워할 오 女부 · 총10획	**즐기다** 娛樂 오락
傲 거만할 오 亻(人)부 · 총13획	**거만하다, 오만하다** 傲氣 오기 傲慢 오만 傲然 오연
玉 옥 옥 玉부 · 총5획	**옥** 玉鏡 옥경 玉器 옥기 珠玉 주옥 白玉 백옥
屋 집 옥 尸부 · 총9획	**집** 屋上 옥상 家屋 가옥 社屋 사옥 洋屋 양옥
獄 감옥 옥 犭(犬)부 · 총14획	**감옥** 獄苦 옥고 監獄 감옥 投獄 투옥 下獄 하옥
溫 따뜻할 온 氵(水)부 · 총13획	**따뜻하다** 溫床 온상 溫順 온순 溫柔 온유 溫情 온정
翁 늙은이 옹 羽부 · 총10획	**늙은이** 翁姑 옹고 老翁 노옹 塞翁之馬 새옹지마

辭 말 사 辛부 · 총19획	말, 거절하다	辭讓 사양 / 辭任 사임 / 辭典 사전 / 辭職 사직
斯 이 사 斤부 · 총12획	대명사, 어조사	斯道 사도 / 斯學 사학
祀 제사 사 示부 · 총8획	제사	祭祀 제사 / 合祀 합사 / 享祀 향사
削 깎을 삭 刂(刀)부 · 총9획	깎다	削減 삭감 / 削髮 삭발 / 削除 삭제 / 削奪 삭탈
朔 초하루 삭 月부 · 총10획	초하루	朔望 삭망 / 朔月 삭월 / 朔地 삭지 / 朔風 삭풍
山 뫼 산 山부 · 총3획	뫼	山脈 산맥 / 山所 산소 / 山賊 산적 / 山頂 산정
産 낳을 산 生부 · 총11획	낳다, 생기다	産苦 산고 / 産卵 산란 / 産母 산모 / 産物 산물
散 흩어질 산 攵(攴)부 · 총12획	흩어지다	散漫 산만 / 散文 산문 / 散發 산발 / 散步 산보
算 셈할 산 竹부 · 총14획	셈하다	算術 산술 / 加算 가산 / 決算 결산 / 暗算 암산
殺 죽일 살/덜 쇄 殳부 · 총11획	죽이다, 덜다	殺生 살생 / 殺害 살해 / 殺到 쇄도 / 減殺 감쇄
三 석 삼 一부 · 총3획	석, 3	三經 삼경 / 三韓 삼한 / 三一節 삼일절 / 三角關係 삼각관계

營 경영할 영 火부 · 총17획	경영하다 營利 영리 營業 영업 營爲 영위 經營 경영
影 그림자 영 彡부 · 총15획	그림자, 물체의 형상 影像 영상 影響 영향 撮影 촬영
映 비출 영 日부 · 총9획	비추다 映像 영상 映畫 영화 反映 반영 上映 상영
藝 기예 예 艹(艸)부 · 총19획	기예, 재주 藝能 예능 藝術 예술 曲藝 곡예 技藝 기예
豫 미리 예 豕부 · 총16획	미리 豫感 예감 豫防 예방 豫算 예산
譽 기릴 예 言부 · 총21획	기리다 名譽 명예 榮譽 영예
銳 날카로울 예 金부 · 총15획	날카롭다, 용맹스럽다 銳敏 예민 新銳 신예 精銳 정예
五 다섯 오 二부 · 총4획	다섯, 5 五經 오경 五穀 오곡 五福 오복 十五夜 십오야
吾 나 오 口부 · 총7획	나 吾等 오등 吾兄 오형 吾鼻三尺 오비삼척
午 낮 오 十부 · 총4획	낮, 일곱째 지지 午前 오전 午後 오후 端午 단오 正午 정오
悟 깨달을 오 忄(心)부 · 총10획	깨닫다, 깨우치다 悟性 오성 悟人 오입 覺悟 각오

上	위 상	一부 · 총3획	위	上官 상관 / 上級 상급 / 上流 상류 / 上訴 상소
尙	오히려 상	小부 · 총8획	오히려, 도리어, 높다	尙早 상조 / 高尙 고상 / 時機尙早 시기상조
常	항상 상	巾부 · 총11획	항상, 떳떳하다	常時 상시 / 常識 상식 / 常習 상습 / 非常 비상
相	서로 상	目부 · 총9획	서로	相計 상계 / 相談 상담 / 相續 상속 / 相對性 상대성
商	장사 상	口부 · 총11획	장사	商家 상가 / 商術 상술 / 商店 상점 / 商去來 상거래
喪	죽을 상	口부 · 총12획	죽다, 잃다	喪家 상가 / 喪服 상복 / 喪主 상주 / 喪失 상실
想	생각할 상	心부 · 총13획	생각하다	想念 상념 / 想像 상상 / 感想 감상 / 空想 공상
傷	상할 상	亻(人)부 · 총13획	상하다, 다치다, 상처	傷處 상처 / 傷害 상해 / 負傷 부상 / 損傷 손상
賞	상줄 상	貝부 · 총15획	상주다, 칭찬하다	賞罰 상벌 / 賞狀 상장 / 受賞 수상 / 賞與金 상여금
霜	서리 상	雨부 · 총17획	서리	霜根 상근 / 霜葉 상엽 / 雪上加霜 설상가상
嘗	맛볼 상	口부 · 총14획	맛보다	嘗味 상미 / 嘗糞 상분 / 臥薪嘗膽 와신상담

閱	보다	丨 冂 冂 冂 冃 冃 閅 閅 閅 閅 閉 閇 閱 閱 閱
볼 열 門부 · 총15획	閱覽 열람 檢閱 검열 査閱 사열	

炎	불타다, 덥다, 불꽃	丶 丶 丷 火 火 火 炏 炎
불탈 염 火부 · 총8획	炎暑 염서 炎天 염천 炎火 염화	

染	물들이다	丶 丶 氵 氿 氿 氿 染 染 染
물들일 염 木부 · 총9획	染料 염료 染色 염색 汚染 오염	

鹽	소금	(획순)
소금 염 鹵부 · 총24획	鹽酸 염산 鹽素 염소 鹽田 염전	

葉	잎	丶 丷 艹 艹 节 芒 苺 苺 葉 葉 葉 葉
잎 엽 艹(艸)부 · 총13획	葉草 엽초 初葉 초엽 金枝玉葉 금지옥엽	

永	길다	丶 刁 永 永 永
길 영 水부 · 총5획	永久 영구 永遠 영원 永住 영주 永續 영속	

英	꽃부리, 영웅	丶 丷 艹 艹 苂 苧 苹 英 英
꽃부리 영 艹(艸)부 · 총9획	英傑 영걸 英雄 영웅 英才 영재 英特 영특	

迎	맞이하다	丶 厂 卬 卬 卬 迎 迎
맞이할 영 辶(辵)부 · 총8획	迎接 영접 迎合 영합 奉迎 봉영 歡迎 환영	

榮	영화롭다, 번영하다	丶 丷 丷 灬 灬 炒 炒 炒 炒 炒 紫 萱 榮 榮
영화 영 木부 · 총14획	榮光 영광 榮譽 영예 榮華 영화	

泳	헤엄치다	丶 丶 氵 氵 沪 泸 泳 泳
헤엄칠 영 氵(水)부 · 총8획	競泳 경영 背泳 배영 水泳 수영	

詠	읊다	丶 一 亠 亖 言 言 言 訂 訂 詠 詠 詠
읊을 영 言부 · 총12획	詠歌 영가 詠誦 영송 詠詩 영시	

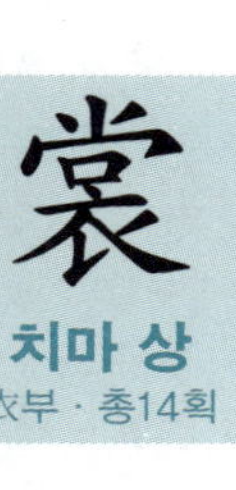

裳 치마 상 衣부 · 총14획	치마, 옷 衣裳 의상 綠衣紅裳 녹의홍상
詳 자세할 상 言부 · 총13획	자세하다, 상세하다 詳考 상고 詳細 상세 詳述 상술 詳議 상의
祥 상서로울 상 示부 · 총11획	상서롭다 祥瑞 상서 祥雲 상운 吉祥 길상
床 평상 상 广부 · 총7획	평상, 상 病床 병상 溫床 온상 平床 평상
象 코끼리 상 豕부 · 총12획	상아, 모양 象牙 상아 象徵 상징 形象 형상
像 형상 상 亻(人)부 · 총14획	형상 銅像 동상 想像 상상 偶像 우상 肖像 초상
桑 뽕나무 상 木부 · 총10획	뽕나무 桑葉 상엽 桑田碧海 상전벽해
償 갚을 상 亻(人)부 · 총17획	갚다 償還 상환 報償 보상
狀 모양 상/문서 장 犬부 · 총8획	모양, 문서 狀態 상태 狀況 상황 賞狀 상장
雙 쌍 쌍 隹부 · 총18획	쌍 雙童 쌍동 雙務 쌍무 雙方 쌍방
塞 변방 새/막을 색 土부 · 총13획	변방, 막다 要塞 요새 塞責 색책 拔本塞源 발본색원

延	끌다, 늘이다	` ㇒ ㇇ 疒 正 延 延 延
끌 연 廴부 · 총7획	延期 연기 延長 연장 順延 순연 遲延 지연	

燃	불사르다	燃燃
불사를 연 火부 · 총16획	燃料 연료 燃燒 연소 可燃 가연	

燕	제비	燕燕
제비 연 灬(火)부 · 총16획	燕雀 연작	

沿	물을 따라 내려가다	沿沿
따를 연 氵(水)부 · 총8획	沿邊 연변 沿岸 연안 沿海 연해	

鉛	납	鉛鉛
납 연 金부 · 총13획	鉛粉 연분 鉛版 연판 鉛華 연화 亞鉛 아연	

宴	잔치	宴宴
잔치 연 宀부 · 총10획	宴席 연석 宴會 연회 酒宴 주연 饗宴 향연	

軟	연하다	軟軟
연할 연 車부 · 총11획	軟弱 연약 硬軟 경연 柔軟 유연	

演	연극, 부연하다	演演
멀리 흐를 연 氵(水)부 · 총14획	演技 연기 演算 연산 演說 연설	

緣	인연	緣緣
인연 연 糸부 · 총15획	緣故 연고 緣分 연분 緣由 연유	

熱	덥다, 뜨겁다	熱熱
더울 열 灬(火)부 · 총15획	熱氣 열기 熱烈 열렬 熱望 열망 熱情 열정	

悅	기쁘다, 즐겁다	悅悅
기쁠 열 忄(心)부 · 총10획	悅樂 열락 喜悅 희열	

色	빛	ノ ク 夕 夕 色 色
빛 색 色부 · 총6획	色感 색감 色盲 색맹 色素 색소 各樣各色 각양각색	

索	찾다, 삭막하다	一 十 十 古 古 索 索 索 索 索
찾을 색/동아줄 삭 糸부 · 총10획	索引 색인 索出 색출 索莫 삭막	

生	나다, 태어나다, 산 것	ノ ト 仁 生 生
날 생 生부 · 총5획	生家 생가 生氣 생기 生物 생물 生産 생산	

西	서녘, 서쪽	一 丆 爪 丙 西 西
서녘 서 西(襾)부 · 총6획	西紀 서기 西域 서역 西風 서풍 西洋 서양	

序	차례	、 亠 广 产 序 序 序
차례 서 广부 · 총7획	序曲 서곡 序論 서론 序幕 서막 序文 서문	

書	글, 책	フ ユ ヨ ヨ 尹 聿 書 書 書 書
글 서 日부 · 총10획	書堂 서당 書類 서류 願書 원서 遺書 유서	

暑	덥다	丶 冂 曰 曰 甲 里 早 昇 昇 暑 暑 暑
더울 서 日부 · 총13획	大暑 대서 小暑 소서 暴暑 폭서 避暑 피서	

敍	펴다, 베풀다	ノ ハ 人 合 全 余 余 針 敍 敍 敍
베풀 서 攴부 · 총11획	敍事 서사 敍述 서술 敍用 서용 敍情 서정	

徐	천천히	ノ ヲ 彳 彳 纩 鈴 鈴 徉 徐 徐
천천히 할 서 彳부 · 총11획	徐緩 서완 徐行 서행 徐羅伐 서라벌	

庶	여러, 여러 가지	、 亠 广 庐 庐 庐 庐 庶 庶 庶
여러 서 广부 · 총11획	庶務 서무 庶民 서민 庶政 서정	

恕	용서하다	乚 乄 女 女 如 如 如 恕 恕 恕
용서할 서 心부 · 총10획	恕諒 서량 恕免 서면 容恕 용서	

亦
또 역
亠부 · 총6획
또
亦是 역시
亦然 역연

易
바꿀 역/쉬울 이
日부 · 총8획
바꾸다, 쉽다
交易 교역
貿易 무역
周易 주역
簡易 간이

逆
거스를 역
辶(辵)부 · 총10획
거스르다, 배반하다
逆境 역경
逆流 역류
逆謀 역모
逆說 역설

譯
통변할 역
言부 · 총20획
번역하다
譯書 역서
譯者 역자
飜譯 번역

驛
역 역
馬부 · 총23획
역
驛名 역명
驛前 역전
驛站 역참

役
부릴 역
彳부 · 총7획
직무, 부리다
役割 역할
苦役 고역
主役 주역
重役 중역

疫
염병 역
疒부 · 총9획
역병
疫病 역병
疫疾 역질
免疫 면역
防疫 방역

域
지경 역
土부 · 총11획
경계, 구역
區域 구역
領域 영역
地域 지역

然
그러할 연
灬(火)부 · 총12획
그러하다, 그러나
然後 연후
當然 당연
本然 본연

煙
연기 연
火부 · 총13획
연기
煙霧 연무
煙草 연초
禁煙 금연
吸煙 흡연

研
갈 연
石부 · 총11획
갈다, 연마하다
研究 연구
研磨 연마
研修 연수
研究院 연구원

緒	실마리 서	糸부·총15획	실마리, 단서 / 緒論 서론 / 端緒 단서 / 情緒 정서
署	관청 서	罒(网)부·총14획	마을, 관청 / 官署 관서 / 署名 서명 / 署長 서장 / 部署 부서
誓	맹세할 서	言부·총14획	맹세하다 / 誓約 서약 / 盟誓 (맹서→)맹세 / 宣誓 선서
逝	갈 서	辶(辵)부·총11획	가다, 죽다 / 逝者 서자 / 逝去 서거 / 急逝 급서
石	돌 석	石부·총5획	돌 / 石刻 석각 / 石器 석기 / 石油 석유 / 礎石 초석
夕	저녁 석	夕부·총3획	저녁 / 夕刊 석간 / 夕陽 석양 / 秋夕 추석 / 七夕 칠석
昔	예 석	日부·총8획	예, 옛, 옛날 / 宿昔 숙석 / 今昔之感 금석지감
惜	아낄 석	忄(心)부·총11획	아끼다, 소중히 여기다 / 惜別 석별 / 愛惜 애석
席	자리 석	巾부·총10획	자리 / 席次 석차 / 客席 객석 / 病席 병석 / 着席 착석
析	쪼갤 석	木부·총8획	쪼개다, 분석하다 / 分析 분석 / 解析 해석
釋	풀 석	釆부·총20획	풀다 / 釋放 석방 / 註釋 주석 / 解釋 해석 / 稀釋 희석

言 말씀
말씀 언
言部 · 총7획
言語 언어
言爭 언쟁
名言 명언
豫言 예언

焉 어찌
어찌 언
灬(火)部 · 총11획
焉敢 언감
於焉 어언

嚴 엄하다, 엄격하다
엄할 엄
口部 · 총20획
嚴格 엄격
嚴選 엄선
嚴肅 엄숙
俊嚴 준엄

業 업
업 업
木部 · 총13획
業績 업적
本業 본업
偉業 위업
職業 직업

余 나
나 여
人部 · 총7획
余月 여월
殘余 잔여

汝 너
너 여
氵(水)部 · 총6획
汝等 여등
汝輩 여배

如 같다
같을 여
女部 · 총6획
如前 여전
如何 여하
缺如 결여
如反掌 여반장

與 주다, 더불어, 참여하다
줄 여
臼部 · 총14획
關與 관여
寄與 기여
贈與 증여
參與 참여

餘 남다
남을 여
食部 · 총16획
餘暇 여가
餘念 여념
餘白 여백
餘韻 여운

予 나
나 여
亅部 · 총4획
予一人 여일인

輿 수레, 대중
수레 여
車部 · 총17획
輿論 여론
輿望 여망

先	먼저	ノ 一 牛 牛 先 先
먼저 선 儿부 · 총6획	先給 선급 先輩 선배 先祖 선조 先親 선친	

仙	신선	ノ イ 亻 仙 仙
신선 선 亻(人)부 · 총5획	仙人 선인 仙境 선경 神仙 신선 水仙花 수선화	

船	배	ノ 了 月 月 月 身 身 船 船 船 船
배 선 舟부 · 총11획	船員 선원 船長 선장 船積 선적 商船 상선	

善	착하다, 좋다	丷 丷 尸 尹 羊 羊 莘 美 盖 善 善
착할 선 口부 · 총12획	善心 선심 善惡 선악 改善 개선 最善 최선	

線	줄, 실	幺 幺 幺 糸 糸 糸 紅 紀 紀 紳 綽 綽 線 線 線
줄 선 糸부 · 총15획	線路 선로 光線 광선 脫線 탈선 脚線美 각선미	

選	가리다, 뽑다	己 己 巴 巴 坚 坚 巽 巽 巽 選 選 選
가릴 선 辶(辵)부 · 총16획	選擧 선거 選別 선별 選出 선출 選擇 선택	

鮮	곱다, 깨끗하다, 싱싱하다	ノ 夕 冷 冷 奋 奋 魚 魚 魚 魚 魚 鮮 鮮 鮮 鮮
고울 선 魚부 · 총17획	鮮度 선도 鮮明 선명 鮮血 선혈	

宣	베풀다	丶 宀 宀 宀 宀 盲 盲 宣 宣
베풀 선 宀부 · 총9획	宣告 선고 宣誓 선서 宣揚 선양 宣傳 선전	

旋	돌다	丶 亠 方 方 扩 扩 於 於 旋 旋
돌 선 方부 · 총11획	旋律 선율 旋風 선풍 旋回 선회	

禪	불교의 한 파	一 亍 亓 示 示 示 示 示 禪 禪 禪 禪 禮 禮 禪
참선 선 示부 · 총17획	禪師 선사 坐禪 좌선 參禪 참선	

舌	혀	丶 二 千 千 舌 舌
혀 설 舌부 · 총6획	舌戰 설전 舌禍 설화 口舌數 구설수	

한자	뜻	단어	필순

壤 흙 양 / 土부 · 총20획
흙, 땅
擊壤 격양
土壤 토양
天壤之差 천양지차

樣 모양 양 / 木부 · 총15획
모양
樣相 양상
樣式 양식
模樣 모양

楊 버들 양 / 木부 · 총13획
버드나무
楊柳 양류
白楊 백양
垂楊 수양

於 어조사 어 / 方부 · 총8획
어조사
於此彼 어차피
甚至於 심지어

魚 물고기 어 / 魚부 · 총11획
물고기
魚類 어류
魚種 어종
活魚 활어
魚貝類 어패류

漁 고기 잡을 어 / 氵(水)부 · 총14획
고기를 잡다
漁夫 어부
漁船 어선
漁場 어장
漁村 어촌

語 말씀 어 / 言부 · 총14획
말씀
語錄 어록
語源 어원
語不成說 어불성설

御 거느릴 어 / 彳부 · 총12획
거느리다, 막다
御命 어명
制御 제어

億 억 억 / 亻(人)부 · 총15획
억
數億 수억
億萬年 억만년
億萬長者 억만장자

憶 생각할 억 / 忄(心)부 · 총16획
생각하다
記憶 기억
追憶 추억

抑 누를 억 / 扌(手)부 · 총7획
누르다, 억압하다
抑留 억류
抑壓 억압
抑制 억제

雪 눈 설 雨부 · 총11획	눈 雪糖 설탕 雪害 설해 白雪 백설 殘雪 잔설
設 베풀 설 言부 · 총11획	베풀다, 세우다 設計 설계 設立 설립 設問 설문 設備 설비
說 말씀 설/달랠 세 言부 · 총14획	말씀, 설명하다, 달래다 設教 설교 說得 설득 遊說 유세 說客 세객
涉 건널 섭 氵(水)부 · 총10획	건너다, 관계하다 涉獵 섭렵 涉外 섭외 交涉 교섭
攝 다스릴 섭 扌(手)부 · 총21획	다스리다 攝政 섭정 攝理 섭리 攝取 섭취
星 별 성 日부 · 총9획	별 星雲 성운 流星 유성 恒星 항성 北極星 북극성
省 살필 성/덜 생 目부 · 총9획	살피다, 덜다 省察 성찰 反省 반성 省略 생략 歸省客 귀성객
成 이룰 성 戈부 · 총7획	이루다 成長 성장 成就 성취 結成 결성 育成 육성
姓 성 성 女부 · 총8획	성 姓名 성명 姓氏 성씨 百姓 백성 通姓名 통성명
性 성품 성 忄(心)부 · 총8획	성품, 바탕 性格 성격 性質 성질 性品 성품 個性 개성
城 성 성 土부 · 총10획	성 城郭 성곽 城門 성문 城壁 성벽 開城 개성

한자	뜻·부수	훈음	쓰는 순서	단어

若 같을 약 · ⺿(艸)부 · 총9획
같다, 만일, 가령
- 若干 약간
- 若何 약하
- 萬若 만약

約 약속할 약 · 糸부 · 총9획
약속하다, 맺다
- 約束 약속
- 契約 계약
- 條約 조약
- 豫約 예약

弱 약할 약 · 弓부 · 총10획
약하다, 여리다
- 弱點 약점
- 弱體 약체
- 貧弱 빈약
- 微弱 미약

藥 약 약 · ⺿(艸)부 · 총19획
약
- 藥局 약국
- 藥師 약사
- 藥效 약효
- 補藥 보약

躍 뛸 약 · 足부 · 총21획
뛰다, 도약하다
- 躍進 약진
- 活躍 활약
- 跳躍 도약

羊 양 양 · 羊부 · 총6획
양
- 羊毛 양모
- 羊皮 양피
- 羊頭狗肉 양두구육

洋 큰바다 양 · 氵(水)부 · 총9획
큰바다
- 洋弓 양궁
- 海洋 해양
- 西洋 서양
- 大洋 대양

揚 오를 양 · 扌(手)부 · 총12획
오르다, 올리다, 드날리다
- 讚揚 찬양
- 止揚 지양
- 立身揚名 입신양명

陽 볕 양 · 阝(阜)부 · 총12획
볕
- 陽氣 양기
- 陽地 양지
- 太陽 태양
- 夕陽 석양

養 기를 양 · 食부 · 총15획
기르다, 봉양하다
- 養鷄 양계
- 養豚 양돈
- 養育 양육
- 扶養 부양

讓 사양할 양 · 言부 · 총24획
사양하다
- 讓步 양보
- 謙讓 겸양
- 辭讓之心 사양지심

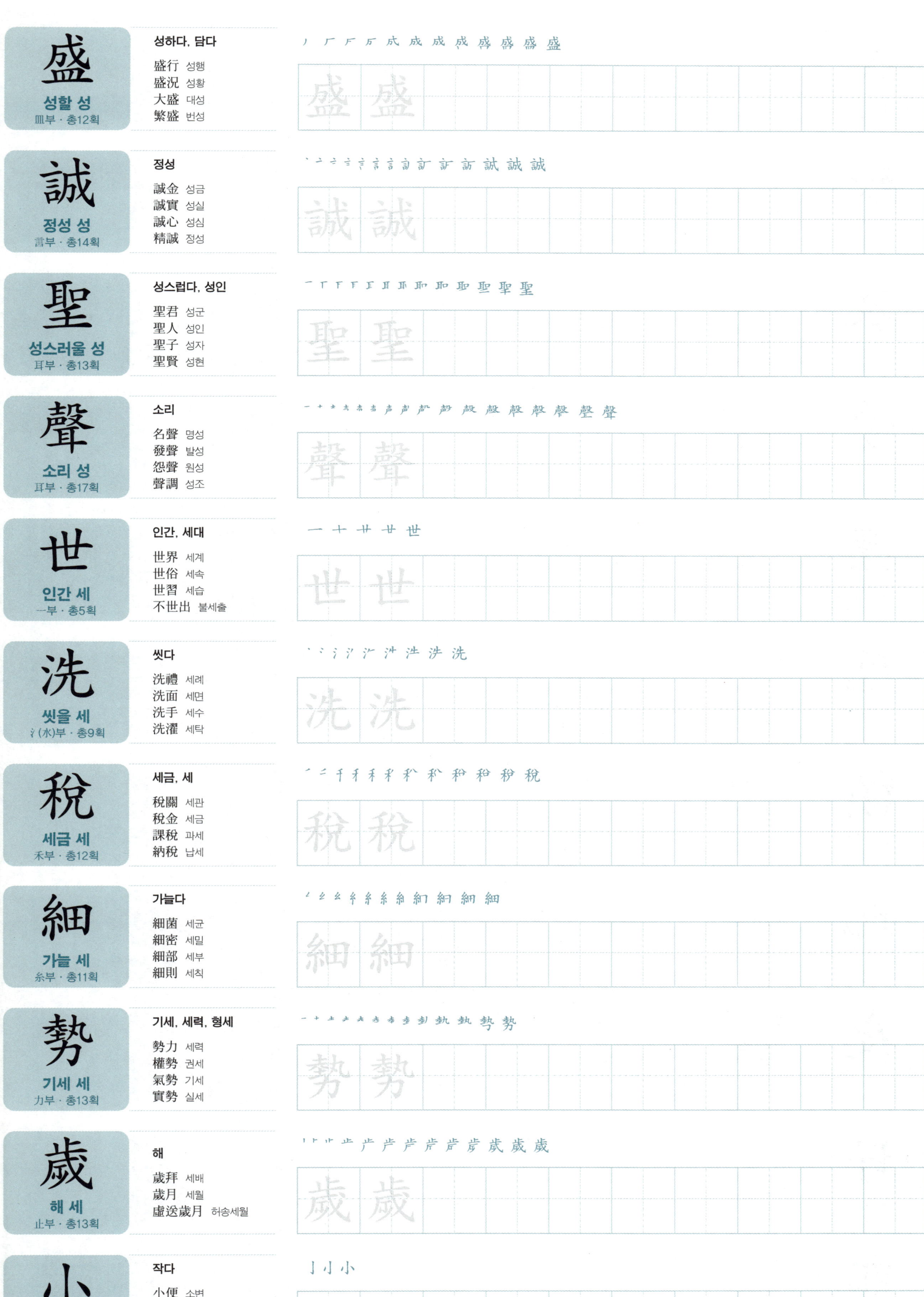

盛	성하다, 담다	ノ 厂 厂 厈 成 成 成 成 盛 盛 盛 盛
성할 성	盛行 성행 盛況 성황 大盛 대성 繁盛 번성	
皿부 · 총12획		

誠	정성	` ` ` ` ` 言 言 言 訂 訂 訂 訴 誠 誠
정성 성	誠金 성금 誠實 성실 誠心 성심 精誠 정성	
言부 · 총14획		

聖	성스럽다, 성인	` T T T 耳 耳 耶 耶 聖 聖 聖
성스러울 성	聖君 성군 聖人 성인 聖子 성자 聖賢 성현	
耳부 · 총13획		

聲	소리	一 十 士 吉 吉 吉 声 殸 殸 殸 殸 殸 殸 聲 聲 聲
소리 성	名聲 명성 發聲 발성 怨聲 원성 聲調 성조	
耳부 · 총17획		

世	인간, 세대	一 十 卅 卅 世
인간 세	世界 세계 世俗 세속 世習 세습 不世出 불세출	
一부 · 총5획		

洗	씻다	` ` ` ` 汀 汁 汫 泔 洗 洗
씻을 세	洗禮 세례 洗面 세면 洗手 세수 洗濯 세탁	
氵(水)부 · 총9획		

稅	세금, 세	` ` 二 千 禾 禾 禾 稻 稻 稅 稅 稅
세금 세	稅關 세관 稅金 세금 課稅 과세 納稅 납세	
禾부 · 총12획		

細	가늘다	` ` ` ` 幺 幺 糸 糸 糸 紅 紅 細 細
가늘 세	細菌 세균 細密 세밀 細部 세부 細則 세칙	
糸부 · 총11획		

勢	기세, 세력, 형세	一 十 士 土 圭 坴 坴 坴 執 執 勢 勢
기세 세	勢力 세력 權勢 권세 氣勢 기세 實勢 실세	
力부 · 총13획		

歲	해	` ` ` 止 止 产 产 产 芹 芹 芹 歲 歲 歲
해 세	歲拜 세배 歲月 세월 虛送歲月 허송세월	
止부 · 총13획		

小	작다	ノ 小 小
작을 소	小便 소변 小食 소식 小包 소포 小規模 소규모	
小부 · 총3획		

央	중앙	
가운데 앙 大부 · 총5획	中央 중앙	一 口 口 央 央

殃	재앙	
재앙 앙 歹부 · 총9획	殃慶 앙경 殃禍 앙화 災殃 재앙	一 了 歹 歹 列 列 殃 殃

哀	슬프다	
슬플 애 口부 · 총9획	哀惜 애석 哀切 애절 哀痛 애통 喜怒哀樂 희노애락	一 亠 宀 亡 亨 亨 亨 哀 哀

愛	사랑하다, 사모하다	
사랑 애 心부 · 총13획	愛煙 애연 愛情 애정 愛憎 애증 愛鄉 애향	一 ⺥ ⺥ ⺥ ⺥ 四 ㅉ 炒 炒 烾 帉 帉 愛

涯	물가, 가	
물가 애 氵(水)부 · 총11획	生涯 생애 水涯 수애 天涯 천애	丶 丶 氵 氵 氵 汧 汧 汧 涯 涯 涯

厄	재앙	
재앙 액 厂부 · 총4획	厄年 액년 厄運 액운 厄禍 액화	丿 厂 厄 厄

額	일정한 액수	
이마 액 頁부 · 총18획	額面 액면 額數 액수 金額 금액	丶 丶 宀 宀 安 安 客 客 客 客 額 額 額 額 額 額 額 額

也	어조사, 또	
어조사 야 乙부 · 총3획	及其也 급기야	一 力 也

夜	밤	
밤 야 夕부 · 총8획	夜景 야경 夜勤 야근 夜食 야식 夜學 야학	丶 亠 广 庁 产 [illegible]short 夜 夜

野	들	
들 야 里부 · 총11획	野蠻 야만 野薄 야박 野史 야사	丨 口 曰 日 旦 甲 里 野 野 野 野

耶	어조사	
어조사 야 耳부 · 총9획	耶蘇教 야소교	一 丁 耳 耳 耳 耳 耳 耶 耶

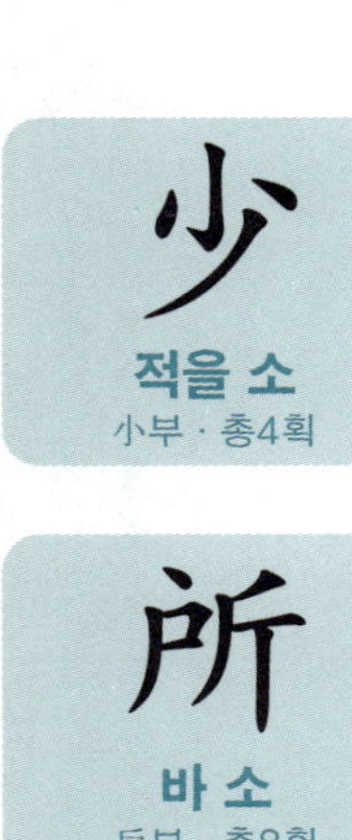

少 **적을 소** (小部 · 총4획) — 적다, 젊다
ノ 小 小 少
少量 소량 / 少論 소론 / 少女 소녀 / 減少 감소

所 **바 소** (戶部 · 총8획) — 바, 곳
丶 丆 ラ ラ 戸 戸 所 所
住所 주소 / 印刷所 인쇄소

笑 **웃을 소** (竹部 · 총10획) — 웃다
談笑 담소 / 微笑 미소 / 拍掌大笑 박장대소

消 **사라질 소** (氵(水)部 · 총10획) — 사라지다, 없어지다
丶 ラ 氵 汁 沪 沪 消 消 消
消毒 소독 / 消燈 소등 / 消滅 소멸 / 抹消 말소

素 **흴 소** (糸部 · 총10획) — 희다, 본디, 원래
一 二 キ 主 丰 麦 麦 素 素 素
素望 소망 / 素服 소복 / 素材 소재 / 素質 소질

召 **부를 소** (口部 · 총5획) — 부르다
フ 刀 刀 召 召
召命 소명 / 召集 소집 / 召還 소환

昭 **밝을 소** (日部 · 총9획) — 밝다, 현저히 나타나다
丨 冂 日 日 旷 昭 昭 昭 昭
昭明 소명 / 昭詳 소상 / 昭應 소응

蘇 **깨어날 소** (艹(艸)部 · 총20획) — 깨어나다, 회복되다
蘇聯 소련 / 蘇復 소복 / 蘇生 소생

騷 **떠들 소** (馬部 · 총20획) — 떠들다
騷動 소동 / 騷亂 소란 / 騷擾 소요

燒 **불태울 소** (火部 · 총16획) — 불태우다
燒却 소각 / 燒失 소실 / 燒酒 소주

訴 **하소연할 소** (言部 · 총12획) — 하소연하다
訴訟 소송 / 訴願 소원 / 訴請 소청 / 訴追 소추

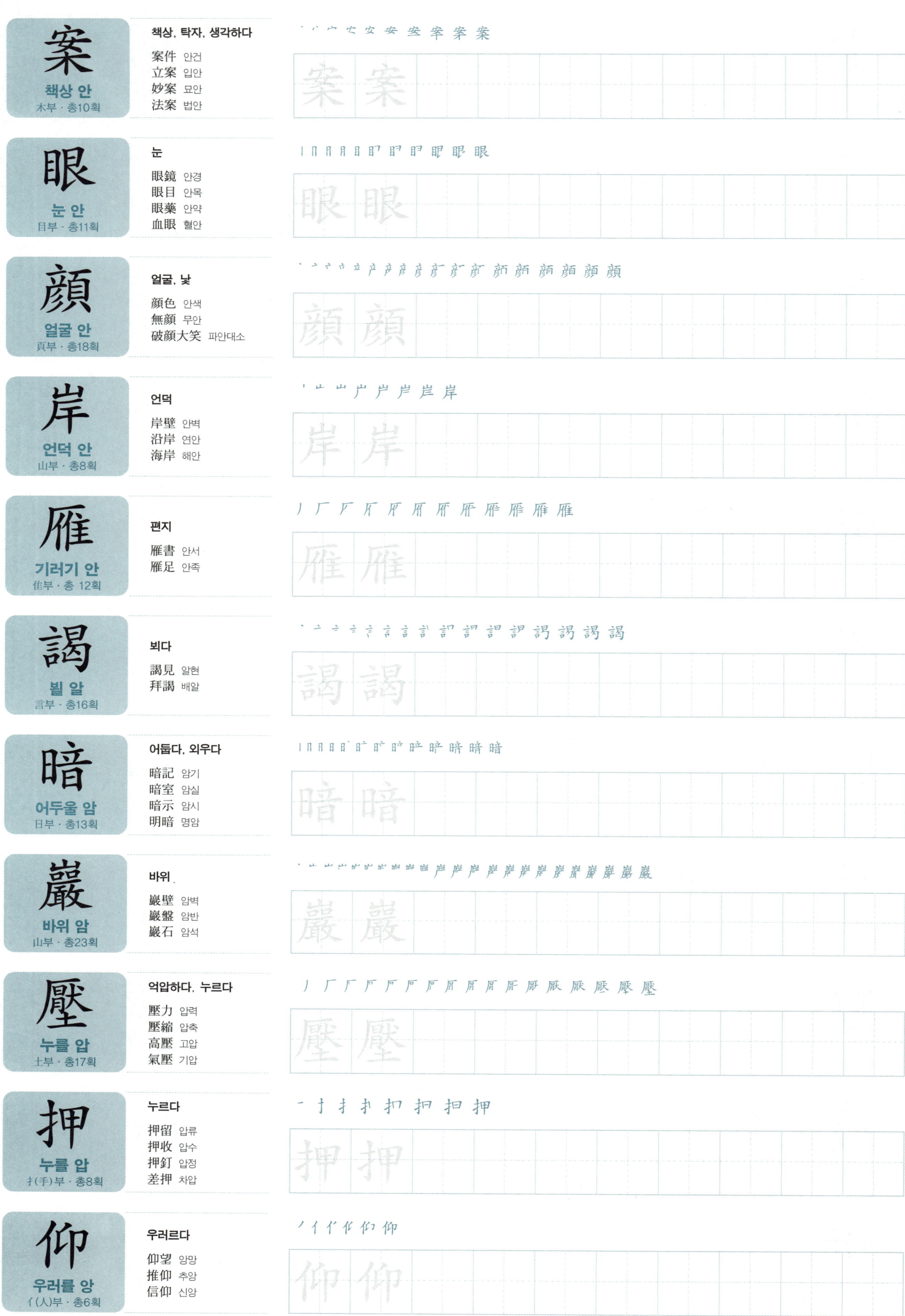

案	책상 안 木부 · 총10획	책상, 탁자, 생각하다	案件 안건 立案 입안 妙案 묘안 法案 법안
眼	눈 안 目부 · 총11획	눈	眼鏡 안경 眼目 안목 眼藥 안약 血眼 혈안
顔	얼굴 안 頁부 · 총18획	얼굴, 낯	顔色 안색 無顔 무안 破顔大笑 파안대소
岸	언덕 안 山부 · 총8획	언덕	岸壁 안벽 沿岸 연안 海岸 해안
雁	기러기 안 隹부 · 총12획	편지	雁書 안서 雁足 안족
謁	뵐 알 言부 · 총16획	뵈다	謁見 알현 拜謁 배알
暗	어두울 암 日부 · 총13획	어둡다, 외우다	暗記 암기 暗室 암실 暗示 암시 明暗 명암
巖	바위 암 山부 · 총23획	바위	巖壁 암벽 巖盤 암반 巖石 암석
壓	누를 압 土부 · 총17획	억압하다, 누르다	壓力 압력 壓縮 압축 高壓 고압 氣壓 기압
押	누를 압 扌(手)부 · 총8획	누르다	押留 압류 押收 압수 押釘 압정 差押 차압
仰	우러를 앙 亻(人)부 · 총6획	우러르다	仰望 앙망 推仰 추앙 信仰 신앙

掃 쓸 소 扌(手)부·총11획	쓸다, 없애다	掃滅 소멸 掃除 소제 掃蕩 소탕 淸掃 청소
疏 트일 소 疋부·12획	트다, 통하다, 멀리하다	疏畏 소외 疏脫 소탈 疏通 소통 疏忽 소홀
蔬 푸성귀 소 艹(艸)부·총16획	채소	蔬食 소식 蔬菜 소채
俗 풍습 속 亻(人)부·총9획	풍습, 풍속	俗談 속담 俗語 속어 俗稱 속칭 民俗 민속
速 빠를 속 辶(辵)부·총11획	빠르다	速度 속도 速報 속보 過速 과속 急速 급속
續 이을 속 糸부·총21획	잇다	相續 상속 續編 속편 繼續 계속 手續 수속
束 묶을 속 木부·총7획	묶다, 구속하다	拘束 구속 團束 단속 約束 약속
粟 조 속 米부·총12획	조, 낟알	粟粒 속립 粟米 속미 粟飯 속반
屬 엮을 속 尸부·총21획	엮다, 묶다, 무리	屬國 속국 屬性 속성 金屬 금속 附屬 부속
孫 손자 손 子부·총10획	손자	孫子 손자 王孫 왕손 子孫 자손 外孫子 외손자
損 덜 손 扌(手)부·총13획	덜다, 손해보다	損失 손실 損益 손익 損害 손해 毀損 훼손

兒
아이 아
儿부 · 총8획

아이

孤兒 고아
迷兒 미아
育兒 육아
風雲兒 풍운아

我
나 아
戈부 · 총7획

나

我軍 아군
自我 자아
我田引水 아전인수

牙
어금니 아
牙부 · 총4획

싹

牙城 아성
牙音 아음
齒牙 치아

芽
싹 아
艹(艸)부 · 총8획

대순, 죽순

麥芽 맥아
發芽 발아
摘芽 적아

雅
우아할 아
隹부 · 총12획

좋다, 우아하다

雅淡 아담
雅量 아량
高雅 고아
優雅 우아

亞
버금 아
二부 · 총8획

버금, '아시아'의 약칭

亞流 아류
亞細亞 아세아

餓
굶주릴 아
食부 · 총16획

굶주리다

餓鬼 아귀
餓死 아사
飢餓 기아

惡
악할 악/미워할 오
心부 · 총12획

악하다, 미워하다

惡用 악용
罪惡 죄악
憎惡心 증오심
惡寒 오한

岳
큰산 악
山부 · 총8획

큰산

岳丈 악장
山岳 산악

安
편안할 안
宀부 · 총6획

편안하다

安心 안심
安危 안위
安定 안정
問安 문안

한자	뜻·음	필순 · 예

松
소나무 송
木부 · 총8획

소나무
松林 송림
松花 송화
老松 노송
松竹梅 송죽매

一 十 十 才 材 松 松 松

送
보낼 송
辶(辵)부 · 총10

보내다
送金 송금
送達 송달
送信 송신
發送 발송

丿 丷 丷 丷 兰 半 关 关 送 送

訟
송사할 송
言부 · 총11획

송사하다
訟事 송사
訴訟 소송

丶 亠 亠 言 言 言 言 訟 訟 訟

頌
기릴 송
頁부 · 총13획

기리다, 칭송하다
頌歌 송가
頌德 송덕
頌辭 송사

丿 八 公 公 公 公 公 頌 頌 頌 頌 頌 頌

誦
욀 송
言부 · 총14획

외다, 암송하다
誦讀 송독
誦詠 송영
暗誦 암송

丶 亠 亠 言 言 言 言 訂 訂 訂 誦 誦 誦 誦

刷
쓸 쇄
刂(刀)부 · 총8획

없애다, 인쇄하다
刷新 쇄신
印刷 인쇄

丿 尸 尸 尸 尸 刷 刷 刷

鎖
쇠사슬 쇄
金부 · 총18획

쇠사슬, 잠그다, 닫다
鎖國 쇄국
連鎖 연쇄
足鎖 족쇄
閉鎖 폐쇄

丿 𠂉 牟 牟 牟 牟 金 金 釒 釤 釤 鎖 鎖 鎖 鎖 鎖 鎖

衰
쇠할 쇠
衣부 · 총10획

쇠하다
衰亡 쇠망
衰弱 쇠약
衰退 쇠퇴

丶 亠 亠 亠 声 声 声 声 衰 衰

水
물 수
水부 · 총4획

물
水脈 수맥
水道 수도
潛水 잠수
藥水 약수

丿 水 水 水

手
손 수
手부 · 총4획

손
手段 수단
先手 선수
洗手 세수
手話 수화

一 二 三 手

首
머리 수
首부 · 총9획

머리, 으뜸
首都 수도
首班 수반
首相 수상
首席 수석

丶 丷 丷 产 产 产 首 首 首

晨	새벽	晨星 신성 / 晨謁 신알 / 昏定晨省 혼정신성
새벽 신 日부·총11획		
愼	삼가다	愼言 신언 / 愼重 신중 / 勤愼 근신
삼갈 신 忄(心)부·총13획		
失	잃다	失業 실업 / 失策 실책 / 過失 과실
잃을 실 大부·총5획		
室	집, 방	客室 객실 / 敎室 교실 / 密室 밀실 / 病室 병실
집 실 宀부·총9획		
實	열매	實感 실감 / 實踐 실천 / 誠實 성실 / 確實 확실
열매 실 宀부·총14획		
心	마음	私心 사심 / 慾心 욕심 / 歡心 환심 / 孝心 효심
마음 심 心부·총4획		
甚	심하다	甚難 심난 / 甚之於 심지어 / 極甚 극심 / 激甚 격심
심할 심 甘부·총9획		
深	깊다	深層 심층 / 深海 심해 / 深思熟考 심사숙고
깊을 심 氵(水)부·총11획		
尋	찾다	尋究 심구 / 尋訪 심방
찾을 심 寸부·총12획		
審	살피다	審理 심리 / 審問 심문 / 審査 심사 / 審議 심의
살필 심 宀부·총15획		
十	열	十戒 십계 / 十里 십리 / 綠十字 녹십자
열 십 十부·총2획		

守 지킬 수 宀부 · 총6획	지키다 遵守 준수 守勢 수세 守衛 수위 保守 보수
受 받을 수 又부 · 총8획	받다 受侮 수모 受領 수령 受信 수신 受取 수취
授 줄 수 扌(手)부 · 총11획	주다, 하사하다 授權 수권 授與 수여 授業 수업 傳授 전수
收 거둘 수 攵(攴)부 · 총6획	거두다 收拾 수습 收納 수납 收入 수입 沒收 몰수
樹 나무 수 木부 · 총16획	나무, 심다 樹林 수림 樹立 수립 樹木 수목 果樹園 과수원
誰 누구 수 言부 · 총15획	누구 誰某 수모 誰何 수하
須 모름지기 수 頁부 · 총12획	모름지기, 마땅히 須要 수요 須臾 수유 須知 수지 必須 필수
雖 비록 수 隹부 · 총17획	비록 雖然 수연
愁 근심 수 心부 · 총13획	근심, 시름 愁心 수심 哀愁 애수 憂愁 우수 鄕愁 향수
修 닦을 수 亻(人)부 · 총10획	닦다 修交 수교 修女 수녀 修養 수양 修行 수행
秀 빼어날 수 禾부 · 총7획	빼어나다 秀麗 수려 秀才 수재 優秀 우수 俊秀 준수

植 심을 식
木部 · 총12획
심다
植木 식목
植物 식물
植樹 식수
植民地 식민지

息 숨쉴 식
心部 · 총10획
숨쉬다, 생활하다, 자식
棲息 서식
子息 자식
休息 휴식

飾 꾸밀 식
食部 · 총14획
꾸미다, 장식하다
假飾 가식
裝飾 장식
虛飾 허식

身 몸 신
身部 · 총7획
몸
獨身 독신
亡身 망신
半身 반신
變身 변신

申 납 신
田部 · 총5획
납, 아홉째 지지, 펴다
申告 신고
申請 신청
內申 내신
上申 상신

神 귀신 신
示部 · 총10획
귀신, 정신
神奇 신기
神童 신동
神父 신부
神話 신화

信 믿을 신
亻(人)部 · 총9획
믿다, 편지
信用 신용
信任 신임
信條 신조
背信 배신

新 새 신
斤部 · 총13획
새롭다, 처음
新參 신참
新築 신축
更新 갱신
刷新 쇄신

臣 신하 신
臣部 · 총6획
신하
臣下 신하
家臣 가신
功臣 공신
使臣 사신

辛 매울 신
辛部 · 총7획
맵다, 고생하다
辛苦 신고
辛辣 신랄
千辛萬苦 천신만고

伸 펼 신
亻(人)部 · 총7획
펴다
伸張 신장
伸縮 신축
追伸 추신

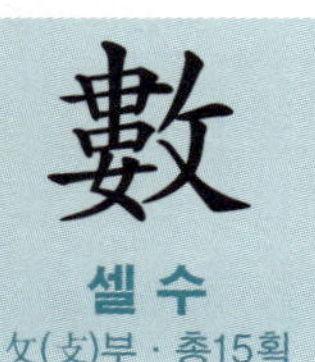

數	셀 수	攵(攴)부·총15획	세다, 셈 — 數量 수량, 數學 수학, 物價指數 물가지수
壽	목숨 수	士부·총14획	목숨 — 壽命 수명, 壽衣 수의, 長壽 장수, 無病長壽 무병장수
宿	묵을 숙	宀부·총11획	묵다, 머무르다 — 宿所 숙소, 宿泊 숙박, 投宿 투숙, 下宿 하숙
囚	가둘 수	囗부·총5획	가두다 — 囚役 수역, 囚人 수인, 獄囚 옥수, 罪囚 죄수
需	구할 수	雨부·총14획	구하다 — 需給 수급, 需要 수요, 內需 내수
帥	장수 수	巾부·총9획	장수, 장군 — 帥長 수장, 元帥 원수, 將帥 장수, 統帥 통수
殊	다를 수	歹부·총10획	다르다, 특별하다 — 殊恩 수은, 殊勳 수훈, 特殊 특수
隨	따를 수	阝(阜)부·총16획	따르다 — 隨伴 수반, 隨時 수시, 隨筆 수필, 隨行 수행
輸	나를 수	車부·총16획	운반하다 — 輸送 수송, 輸入 수입, 輸出 수출, 運輸 운수
獸	짐승 수	犬부·총19획	짐승 — 獸慾 수욕, 禽獸 금수, 野獸 야수, 獸醫師 수의사
睡	잘 수	目부·총13획	잠자다 — 睡眠 수면, 午睡 오수, 昏睡狀態 혼수상태

始 처음 시 女부 · 총8획	처음, 비로소	始作 시작 / 始祖 시조 / 始初 시초 / 開始 개시
視 볼 시 見부 · 총12획	보다, 살피다	視覺 시각 / 視察 시찰 / 賤視 천시 / 監視 감시
詩 시 시 言부 · 총13획	시	詩想 시상 / 詩風 시풍 / 詩人 시인 / 詩集 시집
試 시험할 시 言부 · 총13획	시험하다, 시험해 보다	試圖 시도 / 試食 시식 / 試藥 시약 / 試驗 시험
施 베풀 시 方부 · 총9획	베풀다	施工 시공 / 施設 시설 / 施術 시술 / 施策 시책
矢 화살 시 矢부 · 총5획	화살	弓矢 궁시 / 毒矢 독시 / 嚆矢 효시
侍 모실 시 亻(人)부 · 총8획	모시다	侍女 시녀 / 侍衛 시위 / 侍醫 시의 / 侍從 시종
氏 성 씨 氏부 · 총4획	성씨, 각시	氏族 씨족 / 姓氏 성씨 / 創氏改名 창씨개명
式 법 식 弋부 · 총6획	방식, 방법	格式 격식 / 式順 식순 / 公式 공식 / 禮式 예식
食 밥 식 食부 · 총9획	밥, 먹다	食客 식객 / 食堂 식당 / 食糧 식량 / 食費 식비
識 알 식 言부 · 총9획	알다	識見 식견 / 知識 지식 / 博識 박식 / 無識 무식

遂 이룰 수 辶(辵)부·총13획	이루다	遂意 수의 / 遂行 수행 / 未遂 미수 / 完遂 완수
垂 드리울 수 土부·총8획	드리우다, 베풀다	垂直 수직 / 垂範 수범 / 垂簾聽政 수렴청정
搜 찾을 수 扌(手)부·총13획	찾다, 모색하다	搜査 수사 / 搜索 수색 / 搜所聞 수소문
叔 아재비 숙 又부·총8획	아재비, 작은아버지	叔母 숙모 / 叔姪 숙질 / 堂叔 당숙 / 外叔父 외숙부
淑 맑을 숙 氵(水)부·총11획	맑다	淑女 숙녀 / 淑淸 숙청 / 私淑 사숙
孰 누구 숙 子부·총11획	누구	孰誰 숙수 / 孰是孰非 숙시숙비
熟 익을 숙 灬(火)부·총15획	익숙하다	熟考 숙고 / 熟練 숙련 / 熟成 숙성 / 熟語 숙어
肅 엄숙할 숙 聿부·총13획	엄숙하다	肅然 숙연 / 靜肅 정숙
順 순할 순 頁부·총12획	순하다, 따르다	順理 순리 / 順序 순서 / 順從 순종 / 耳順 이순
純 순수할 순 糸부·총10획	순수하다	純潔 순결 / 純粹 순수 / 純情 순정 / 純眞 순진
旬 열흘 순 日부·총6획	열흘	旬刊 순간 / 旬朔 순삭 / 旬前 순전

濕 축축할 습 氵(水)부·총17획	젖다 濕氣 습기 濕疹 습진 多濕 다습
襲 엄습할 습 衣부·총22획	갑자기 습격하다 襲擊 습격 攻襲 공습 急襲 급습 被襲 피습
承 받들 승 手부·총8획	받들다, 잇다 承繼 승계 承諾 승낙 承服 승복 承認 승인
乘 탈 승 丿부·총10획	타다 乘馬 승마 乘車 승차 乘務員 승무원
勝 이길 승 力부·총12획	이기다 勝利 승리 勝算 승산 勝運 승운 勝敗 승패
昇 오를 승 日부·총8획	오르다 昇段 승단 昇進 승진 昇降機 승강기
僧 중 승 亻(人)부·총14획	중, 스님 僧侶 승려 僧舞 승무 僧服 승복 高僧 고승
市 저자 시 巾부·총5획	저자, 시장 市民 시민 市政 시정 市場 시장 市廳 시청
示 보일 시 示부·총5획	보이다 示範 시범 示威 시위 敎示 교시 暗示 암시
是 옳을 시 日부·총9획	옳다, 이 是認 시인 是非 시비 必是 필시 是是非非 시시비비
時 때 시 日부·총10획	때, 시간 時間 시간 時勢 시세 時差 시차

殉	따라 죽다	一 丁 万 歹 歹 列 列 殉 殉 殉
따라 죽을 순	殉愛 순애 / 殉葬 순장 / 殉職 순직	
歹부 · 총10획		

循	뒤따르다, 돌다	丿 彳 彳 彳 彳 狷 狷 狷 循 循 循
좇을 순	循次 순차 / 循環 순환	
彳부 · 총12획		

脣	입술	丿 厂 尸 尸 辰 辰 辰 長 脣 脣 脣
입술 순	脣齒 순치 / 丹脣皓齒 단순호치	
月(肉)부 · 총11획		

瞬	순간	丨 几 月 月 目 目 目 盱 盱 瞬 瞬 瞬 瞬 瞬 瞬 瞬
눈깜짝일 순	瞬間 순간 / 瞬時 순시 / 一瞬 일순	
目부 · 총17획		

巡	돌다	巛 巛 巛 巛 巛 巡 巡 巡
돌 순	巡訪 순방 / 巡視 순시 / 巡察 순찰	
辶(辵)부 · 총7획		

戌	개, 열한째 지	丿 厂 厂 戊 戌 戌
개 술	戌削 술삭 / 戌時 술시	
戈부 · 총6획		

述	짓다	一 十 才 木 求 求 沭 述 述
지을 술	記述 기술 / 著述 저술 / 陳述 진술	
辶(辵)부 · 총9획		

術	꾀, 재주	丿 彳 彳 彳 彳 術 術 術 術 術 術
재주 술	技術 기술 / 美術 미술 / 醫術 의술 / 學術 학술	
行부 · 총11획		

崇	높다, 높게 하다, 존중하다	丨 屮 屮 屮 屮 崇 崇 崇 崇 崇 崇
높을 숭	崇高 숭고 / 崇慕 숭모 / 崇拜 숭배 / 崇尙 숭상	
山부 · 총11획		

習	익히다	丿 刁 习 羽 羽 羽 羽 羿 習 習 習
익힐 습	習得 습득 / 慣習 관습 / 實習 실습 / 豫習 예습	
羽부 · 총11획		

拾	줍다, 열, '十'의 갖은자	一 十 扌 扌 扒 扒 拾 拾 拾
주울 습/열 십	拾得 습득 / 收拾 수습 / 拾萬 십만	
扌(手)부 · 총9획		

교육용 한자쓰기 시리즈 1
중학교 교육용 한자 900

중학교 한문 교과 과정 필수한자 900

1. 이 책은 교육부가 지정한 중학교 한문 교과 과정 지정한자 900개에 대한 쓰기본입니다.
2. 각 글자마다 상세한 음과 훈을 표기하였습니다.
3. 각 글자의 음, 훈에 해당하는 한자어를 실어 한자를 더 오래 기억하도록 하였습니다.
4. 각 글자마다 부수와 총획을 수록하였습니다. 한자의 부수를 염두에 둔다면 한자 외우기가 훨씬 쉬워집니다.
5. 각 글자마다 정확한 필순을 표기하였습니다.
6. 〈중학교 교육용 한자 900〉 은 한자급수자격 시험 4급 정도에 해당됩니다.

교육용 한자쓰기 시리즈 2
고등학교 교육용 한자 900

고등학교 한문 교과 과정 필수한자 900

1. 이 책은 교육부가 지정한 고등학교 한문 교과 과정 지정한자 900개에 대한 쓰기본입니다.
2. 각 글자마다 상세한 음과 훈을 표기하였습니다.
3. 각 글자의 음, 훈에 해당하는 한자어를 실어 한자를 더 오래 기억하도록 하고, 어휘력을 풍부하게 하였습니다.
4. 각 글자마다 부수와 총획을 수록하였습니다. 한자의 부수를 염두에 둔다면 한자 외우기가 훨씬 쉬워집니다.
5. 각 글자마다 정확한 필순을 표기하였습니다.
6. 〈고등학교 교육용 한자 900〉 은 한자급수자격시험 3급 정도에 해당됩니다.

교육용 한자쓰기 시리즈 3
교육용 한자 1800

지은이 우리말한자연구회
펴낸이 임준현
펴낸곳 넥서스ACADEMY

초판 1쇄 인쇄 2004년 12월 15일
초판 1쇄 발행 2005년 1월 3일

출판등록 2004년 5월 12일 제311-2004-000019호

122-040 서울시 은평구 불광동 484-142 넥서스타워 2층
편집 Tel (02)382-3081 Fax (02)382-3082
영업 Tel (02)330-5500 Fax (02)330-5555

ISBN 89-91333-28-1 13710

가격은 뒤표지에 있습니다.

잘못된 책은 구입한 곳에서 바꾸어 드립니다.

www.nexusbook.com